Inhalt

Walter Kleesattel

Biologie

POCKET TEACHER **ABI**

Der Autor
Dr. Walter Kleesattel unterrichtet als Studiendirektor Biologie und Geografie an einem Gymnasium. Daneben ist er als Autor von Schul- und Sachbüchern sowie als Berater bei naturwissenschaftlichen Fernsehdokumentationen tätig.

Cornelsen online http://www.cornelsen.de

Gedruckt auf chlorfrei gebleichtem Papier ohne Dioxinbelastung der Gewässer.

Die Deutsche Bibliothek – CIP-Einheitsaufnahme
Kleesattel, Walter:
Biologie / Walter Kleesattel. - Berlin : Cornelsen Scriptor, 2000
 (Pocket Teacher Abi)
 ISBN 3-589-21357-4

Dieses Werk berücksichtigt die Regeln der reformierten Rechtschreibung und Zeichensetzung.

| 5. | 4. | 3. | 2. | 1. | ✓ € | Die letzten Ziffern bezeichnen |
| 04 | 03 | 02 | 01 | 2000 | | Zahl und Jahr des Drucks. |

Redaktion: Maria Bley, Vaterstetten
Typografie und Herstellung: Julia Walch, Bad Soden
Umschlagentwurf: Vera Bauer, Berlin
Zeichnungen: Udo Kipper, Darmstadt
Druck und Bindearbeiten: Clausen & Bosse, Leck
Printed in Germany
ISBN 3-589-21357-4
Bestellnummer 213574

Vorwort

Liebe Leserinnen, liebe Leser!

Der POCKET TEACHER Abi Biologie eignet sich als Wegbegleiter von der 11. Klasse bis zum Abitur. Er hilft nicht nur beim Schluss-Spurt vor dem Abitur, sondern ebenso gut bei Hausaufgaben und Referaten, bei der Vorbereitung von Klausuren und Tests. Selbst wer glaubt, schon fit zu sein, kann hier mit Gewinn noch mal ein Kapitel quer lesen und sein Wissen auffrischen. Vor allem aber werden die Zusammenhänge übersichtlich und anschaulich präsentiert. Dazu tragen auch die zahlreichen Grafiken und Schaubilder bei.

Der POCKET TEACHER Abi Biologie erläutert alle prüfungsrelevanten Themengebiete der Oberstufen-Biologie prägnant und verständlich.

Die Querverweise im Text (↗) und das umfangreiche Stichwortverzeichnis helfen, weiterführende Informationen zum Thema schnell zu finden.

 Beispiele für Prüfungsthemen am Ende jedes Kapitels unterstützen die effektive Vorbreitung auf Tests und Klausuren.

Zellbiologie

Die Zelle ist die kleinste Einheit des Lebendigen. Alle Lebewesen sind aus Zellen aufgebaut. Zellen entstehen immer nur durch Teilung vorhandener Zellen. Jede Körperzelle enthält in ihrem Zellkern die gesamte Erbinformation des Organismus.

1 Struktur der Zelle

1.1 Das lichtmikroskopische Bild der Zelle

Pflanzenzellen. Die Zellwand gibt der Pflanzenzelle ihre feste Gestalt. Bei Pflanzenzellen bezeichnet man den von der Zellwand eingeschlossenen Zellkörper als Protoplast. Er ist der eigentliche Träger der Lebensfunktionen und enthält das Zellplasma (Cytoplasma) sowie weitere Zellstrukturen mit spezifischer Funktion (Zellorganellen), von denen der Zellkern (Nukleus) am größten ist. Bei jungen Pflanzenzellen füllt das Zellplasma den ganzen Zellinnenraum aus. Bei älteren füllt ein zentraler Zellsaftraum (Vakuole) den Innenraum weitgehend aus, der Protoplast wird dadurch eng an die Zellwand gedrückt. Die Vakuole ist mit Wasser und verschiedenen organischen und anorganischen Stoffen gefüllt. Nach außen ist der Protoplast durch die Zellmembran, zur Vakuole hin durch die Vakuolenmembran (Tonoplast) abgegrenzt.

Die im Lichtmikroskop erkennbaren Chloroplasten sind Zellorganellen, die es nur in Pflanzenzellen gibt. Sie enthalten den grünen Blattfarbstoff Chlorophyll und sind für die Fotosynthese zuständig. Zusammen mit den farblosen Leukoplasten, die Stärke speichern, und den Chromoplasten, die rote und gelbe Farbstoffe enthalten, werden sie als Plastiden bezeichnet.

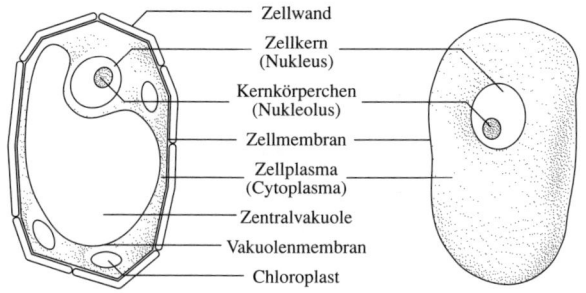

Pflanzen- und Tierzelle im Vergleich (Lichtmikroskop)

Zellen von Tier und Mensch besitzen im Unterschied zu Pflanzenzellen keine Zellwand, sondern sind durch eine elastische Zellmembran begrenzt. Außerdem enthalten sie weder Plastiden noch eine Zentralvakuole.

1.2 Das elektronenmikroskopische Bild der Zelle

Im Elektronenmikroskop sind weitere Zellstrukturen (Zellorganellen) zu erkennen.

Biomembranen

Die Zellmembran (Cytoplasmamembran, Plasmalemma) grenzt die Zelle gegen ihre Umgebung ab. Mit einer Dicke von 7–10 nm liegt sie unter dem Auflösungsbereich des Lichtmikroskops.

Im Elektronenmikroskop zeigen alle Biomembranen eine prinzipiell gleichartige dreischichtige Grundstruktur, bei der zwei elektronendichte dunkle Linien eine helle Linie umgeben. In allen Biomembranen findet man als Bauelemente Lipide und Proteine. Kohlenhydrate spielen eine weniger wichtige Rolle.

Nach SINGER und NICOLSON besteht die Biomembran aus einer zähflüssigen Lipiddoppelschicht, in der einzelne Proteine schwimmen (Flüssig-Mosaik-Modell). Während manche Proteine nur teilweise in die Doppelschicht eintauchen, durchdringen andere die Lipidschicht ganz und ragen auf beiden Seiten der Membran in wässriges Milieu.

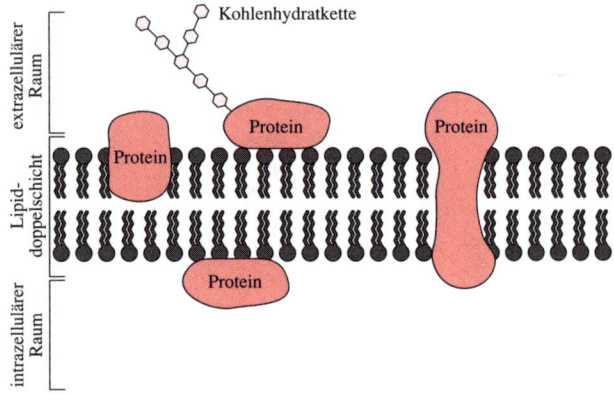

Flüssig-Mosaik-Modell der Zellmembran

Sowohl Lipide wie auch die Proteine zeigen in der Membran eine beachtliche Beweglichkeit. An der Außenseite können sowohl Lipide als auch Proteine Ketten von Kohlenhydraten tragen.

Biomembranen unterteilen auch das Zellinnere in eine Vielzahl gegeneinander abgegrenzter Räume. Als räumliches Netzwerk durchziehen sie das gesamte Zellplasma und umgeben die einzelnen Zellorganellen. Zellkern, Mitochondrien und Plastiden sind sogar von zwei Biomembranen umgeben. Die Abgrenzung in verschiedene Zellbereiche (Zellkompartimente) ermöglicht es, dass in einer Zelle unterschiedliche biochemische Reaktionen gleichzeitig ablaufen.

Neben der Abgrenzung und Zellkompartimentierung erfüllen Biomembranen wichtige Transportfunktionen.

Zellwand

Bei Pflanzenzellen schließt nach außen an die Zellmembran eine dicke Zellwand an. Durch Aussparungen in der Zellwand (Tüpfel) verlaufen Plasmabrücken (Plasmodesmen), die den Stofftransport von Zelle zu Zelle ermöglichen. Auf diese Wei-

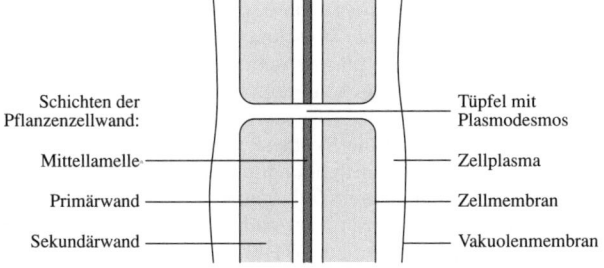

Schichten der Pflanzenzellwand:	Tüpfel mit Plasmodesmos
Mittellamelle	Zellplasma
Primärwand	Zellmembran
Sekundärwand	Vakuolenmembran

Zellwand

se geht die Zellmembran der einen Zelle kontinuierlich in die Zellmembran der Nachbarzelle über.

Die Zellwand festigt die einzelne Zelle und wirkt dem osmotischen Innendruck der Vakuole entgegen. Sie besteht überwiegend aus Cellulosefasern, die in eine Grundsubstanz aus anderen Kohlenhydraten und Proteinen eingebettet sind. Verholzte Zellwände enthalten zusätzlich den Holzstoff Lignin, der Korkstoff Suberin macht Zellwände wasserundurchlässig. Tüpfel ermöglichen auch hier Stoffaustausch zwischen den Zellen.

Zellorganellen mit zwei Membranen

Der *Zellkern* (Nukleus, Karyon) wird durch eine doppelte Kernmembran (Kernhülle) abgegrenzt. Kreisförmige Kernporen ermöglichen einen Informationsaustausch zwischen dem Kerninnern und dem Zellplasma. Das Innere des Zellkerns enthält neben Proteinen die Nukleinsäuren DNA (Desoxiribonukleinsäure) und RNA (Ribonukleinsäure). Nach Anfärben erscheinen diese Moleküle als fädiges Chromatin. Zur Zellteilung verdichtet sich das Chromatin zu den Chromosomen. Die auffälligste Struktur im Zellkern ist das Kernkörperchen (Nukleolus). Der Zellkern ist Speicher des Erbgutes und Steuerzentrale des Zellstoffwechsels.

Mitochondrien. Die beiden Membranen der Mitochondrienhülle sind unterschiedlich gebaut. Die äußere ist glatt und leicht durchlässig, die innere ist vielfach eingestülpt. Durch die beiden Membranen entsteht eine doppelte Kompartimentierung: ein nichtplasmatischer Zwischenraum zwischen den beiden Membranen und ein plasmatischer im Innenraum des Mitochondriums. Das Mitochondrienplasma (Matrix) enthält Ribosomen, mitochondriale DNA sowie zahlreiche Enzyme, die für die Zellatmung und die Synthese von ATP (Adenosintriphosphat) wichtig sind. Mitochondrien sind die Organellen der Energiegewinnung durch Zellatmung. Dabei wird durch Abbau von Zucker und anderen Nährstoffen mit Hilfe von Sauerstoff Energie freigesetzt und zur ATP-Bildung verwendet. (↗ Stoffwechsel, S. 27 ff.)

Chloroplasten besitzen ebenfalls eine Doppelmembran. Die innere Membran ist vielfach eingestülpt und bildet flache Membranzisternen (Thylakoide). Stellenweise liegen diese wie geldrollenähnliche Stapel (Grana) dicht übereinander. Die Grundsubstanz, in die die Thylakoide eingebettet sind, heißt Stroma. Die Thylakoidmembranen enthalten die Fotosynthesepigmente Chlorophylle und Carotinoide. Sie absorbieren das Sonnenlicht, mit dessen Energie aus Kohlenstoffdioxid und Wasser Traubenzucker (Glukose) als organische Substanz aufgebaut wird. Das Stroma ist chlorophyllfrei. Hier laufen die Stoffwechselprozesse ab, die zur Stärke- und Fettbildung führen.

Zellorganellen mit einer Membran

Endoplasmatisches Retikulum (ER) heißt übersetzt so viel wie innerplasmatisches Netzwerk. Es durchzieht als membranumhülltes System von Kanälchen und Säckchen (Zisternen) das gesamte Zellplasma. Auch die Kernhülle ist Teil des ER. An die Membranflächen des ER können Ribosomen gebunden sein. Solche Bereiche, die im Elektronenmikroskop ein raues Aussehen haben, nennt man raues ER. Ribosomenfreie Abschnitte werden als glattes ER bezeichnet. An den Ribosomen des ER werden Proteine gebildet, die in der Membran bleiben oder in Vesikel verpackt durch die Zelle geschleust werden. Das ER stellt ständig neue Membranen her. In den Zisternen des ER werden viele Stoffe gebildet, umgewandelt oder gespeichert. Neben der Synthese von Stoffen dient das ER dem innerzellulären Stofftransport.

Zellorganellen mit zwei Membranen

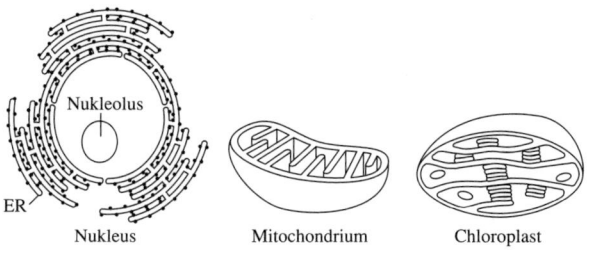

Nukleolus

ER

Nukleus   Mitochondrium   Chloroplast

Zellorganellen mit einer Membran

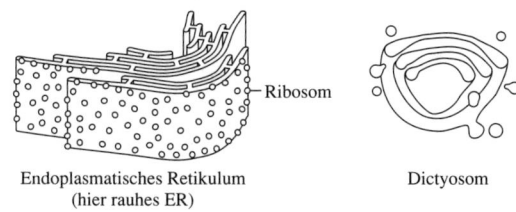

Ribosom

Endoplasmatisches Retikulum   Dictyosom
(hier rauhes ER)

Zellorganellen

Dictyosomen sind Stapel flacher Membranzisternen, die an den Rändern kleine Bläschen abschnüren. Nach ihrem Entdecker GOLGI wird die Gesamtheit aller Dictyosomen einer Zelle als GOLGI-Apparat bezeichnet, die abgeschnürten Bläschen nennt man GOLGI-Vesikel. Anreicherung und Transport von Sekretstoffen sind die wesentlichen Aufgaben der Dictyosomen. In pflanzlichen Zellen sind sie auch an der Bildung der Zellwand beteiligt.

Lysosomen sind Bläschen, die Enzyme speichern, mit deren Hilfe sich die Zelle selbst erneuert. Die Enzyme zerlegen Makromoleküle und bauen die Teilprodukte wieder in den Zellstoffwechsel ein. Lysosomen werden vom GOLGI-Apparat gebildet. (↗ Abbildung S. 16)

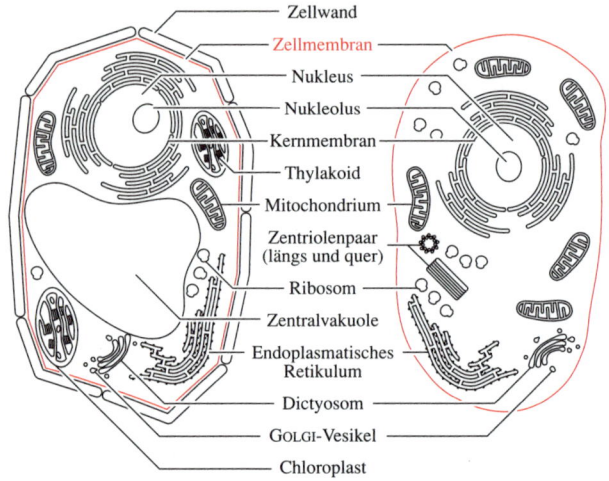

Pflanzen- und Tierzelle im Vergleich (Elektronenmikroskop)

In the figure, the following labels appear:
Zellwand — Zellmembran — Nukleus — Nukleolus — Kernmembran — Thylakoid — Mitochondrium — Zentriolenpaar (längs und quer) — Ribosom — Zentralvakuole — Endoplasmatisches Retikulum — Dictyosom — GOLGI-Vesikel — Chloroplast

Microbodies (Peroxisomen), ebenfalls kleine Bläschen, enthalten Enzyme, die Wasserstoff abspalten und auf Sauerstoff übertragen. Diese Enzyme bauen Fettsäuren ab und entgiften z. B. in der Leber den Alkohol und andere schädliche Verbindungen. **Vakuolen** sind mit Zellsaft gefüllt und sorgen für den Innendruck der pflanzlichen Zelle. Im Zellsaft sind Farbstoffe, Reservestoffe und Abfallstoffe gespeichert.

Zellorganellen ohne Membran
Sie entstehen in Selbstaufbau (self-assembly) durch Zusammenlagerung entsprechender Moleküle zu einer jeweils typischen Struktur.
Ribosomen bestehen aus zwei verschieden großen Untereinheiten, die aus Protein- bzw. r-RNA-Molekülen bestehen. Sie liegen entweder als freie Ribosomen im Cytoplasma oder sind als membrangebundene Ribosomen an die Außenseite des rau-

en ER geheftet. Ribosomen sind Orte der Eiweißbildung (Proteinbiosynthese).

Das *Cytoskelett* ist ein räumliches Netzwerk sehr dünner Eiweißfasern, die das Cytoplasma durchziehen. Insbesondere tierische Zellen erhalten durch das Cytoskelett Form und Reißfestigkeit. Das Cytoskelett ist auch an Bewegungen der Zelle, an Transportvorgängen und an der Signalübertragung beteiligt. Man unterscheidet:

◆ *Mikrotubuli,* gerade Röhren aus globulären (kugelig gebauten) Proteinen, die auch Bauelemente von Zentriolen und Kernspindel sind.
◆ *Mikrofilamente,* lange Proteinfäden, die das Cytoskelett an der Zellmembran verankern. In Muskelzellen sind sie als Actin- und Myosinfilamente an der Muskelkontraktion beteiligt.

Verbindungen zwischen Zellen

Besondere Proteinbrücken (Desmosomen) stellen spezielle Kommunikationskontakte zwischen den Zellen her. Bei Pflanzenzellen ermöglichen die Tüpfel in den Zellwänden den Durchtritt von Plasmodesmen, die die Protoplasten benachbarter Pflanzenzellen miteinander verbinden. (↗ Abbildung S. 9)

2 Stofftransport

Für den Stoffaustausch der Zelle mit ihrer Umgebung ist die Zellmembran zuständig. Auch innerhalb der lebenden Zelle laufen ständig Transportvorgänge ab. Biomembranen sind selektiv durchlässig (selektiv permeabel). Es lassen sich verschiedene zelluläre Transportmechanismen unterscheiden.

2.1 Diffusion und Osmose

Diffusion ist die durch die Bewegungsenergie der Teilchen (BROWNsche Molekularbewegung) herbeigeführte wechselseitige Durchdringung zweier aneinander grenzender Flüssigkeiten oder Gase. Diffusion tritt dort ein, wo zwischen zwei mischbaren Stoffen ein Konzentrationsgefälle besteht. Sie führt schließlich zu einem Konzentrationsausgleich. Die Geschwin-

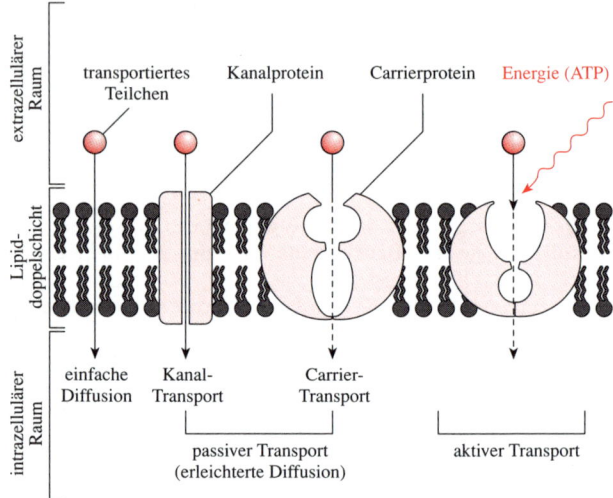

Transportmechanismen durch die Biomembran

digkeit der Diffusion ist vom Konzentrationsgefälle, der Temperatur und der Art der Teilchen abhängig.

Osmose ist eine einseitig gerichtete Diffusion durch eine selektiv permeable (halbdurchlässige, semipermeable) Membran. Die Zellmembran ist eine solche selektiv permeable Membran, die Wasser und eine Reihe gelöster Stoffe durchlässt, andere Stoffe aufgrund ihrer Teilchengröße oder ihrer Ladung jedoch nicht.

Da die Zelle für Diffusion und Osmose keine Energie aufwenden muss, zählen beide zu den passiven Transportvorgängen.

2.2 Spezifischer Transport

Passiver Kanal-Transport erfolgt durch spezifische Proteinkanäle, die nur bestimmte Ionen durchlassen. Der Durchtritt findet in Richtung des Konzentrationsgefälles statt und erfordert keine Engergiezufuhr. Diese Form des Transports spielt bei elektrischen Vorgängen an Nerven- und Sinneszellen eine Rolle.

Passiver Carrier-Transport ist eine erleichterte Diffusion, die durch Trägerproteine (Carrier) erfolgt. Da der Carrier-Transport immer in Richtung des Konzentrationsgefälles stattfindet, ist kein Energieaufwand nötig. Beispiele sind die Glukoseaufnahme aus der Blutflüssigkeit in die roten Blutzellen und der Ionentransport durch die Nervenzellmembran.

Aktiver Carrrier-Transport benötigt Energie (ATP), um Stoffe gegen das Konzentrationsgefälle zu transportieren, sodass eine Anreicherung von Stoffen in der Zelle möglich ist. Jedes zu transportierende Molekül oder Ion wird an einen bestimmten Carrier gebunden. So hält z. B. die Natrium-Kalium-Pumpe der Nervenzellmembran unter ATP-Verbrauch ein Ionenungleichgewicht aufrecht. (↗ Stoffwechsel, S. 27 ff.)

2.3 Endozytose und Exozytose

Endozytose ist die aktive Aufnahme von festen Partikeln (Phagozytose) oder Flüssigkeiten (Pinozytose) durch Einstülpungen und Bläschenbildung der Zellmembran. Bei der Rezeptor vermittelten Endozytose werden spezifische Stoffe aufgenommen.

Exozytose ist das Ausschleusen von Inhaltsstoffen der Zelle durch Vesikel (Bläschen), die mit der Zellmembran in Kontakt treten und sich nach außen entleeren. Bei der Exozytose wandert ein Vesikel, das sich vom GOLGI-Apparat abgeschnürt hat, zur Plasmamembran und verschmilzt mit dieser.

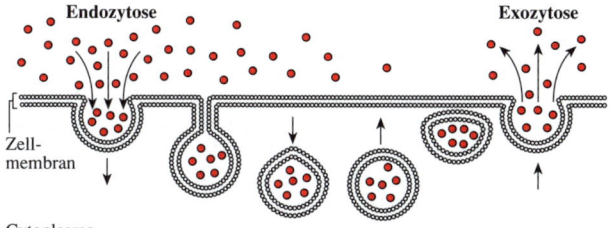

Endozytose und Exozytose

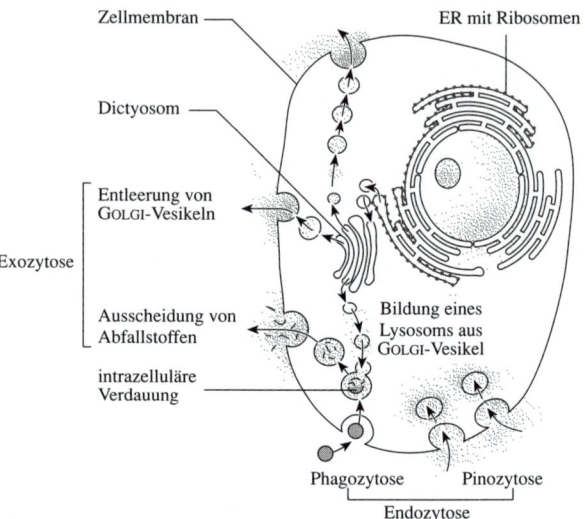

Die Zelle als offenes System im Überblick

2.4 Membranfluss

Sowohl die Zellmembran als auch die intrazellulären Biomembranen verändern ständig ihre Lage und Form (Membranfluss). Nur die Membranen der Mitochondrien und Plastiden nehmen daran nicht teil.

3 Zellteilung (Mitose)

Zellen werden durch Zellteilung vermehrt. Dabei teilt sich eine Zelle in zwei Tochterzellen, die zur Ausgangsgröße der Mutterzelle heranwachsen. Der Teilung des Zellplasmas geht die Kernteilung (Mitose) voraus. Vor jeder Zellteilung wird die Erbinformation verdoppelt. In dieser Phase zwischen zwei Kernteilungen (Interphase) sind die Chromosomen lang gezogen und lichtmikroskopisch unsichtbar.

Zellzyklus

Prophase. Zu Beginn der Kernteilung verkürzen sich die Chromosomen durch Schraubung und Faltung und werden lichtmikroskopisch erkennbar. Jedes Chromosom ist jetzt in zwei identische Hälften (Chromatiden) gespalten, die nur noch vom Zentromer zusammengehalten werden. Zwischen den Polen der Zelle bildet sich eine Kernteilungsspindel. Sie besteht aus Eiweißfäden (Mikrotubuli), die an den Zentriolen ansetzen. Kernmembran und Nukleolus lösen sich auf.

Metaphase. Die Chromosomen ordnen sich in der Äquatorialebene an. Die Spindelfasern heften sich an das Zentromer der Chromosomen.

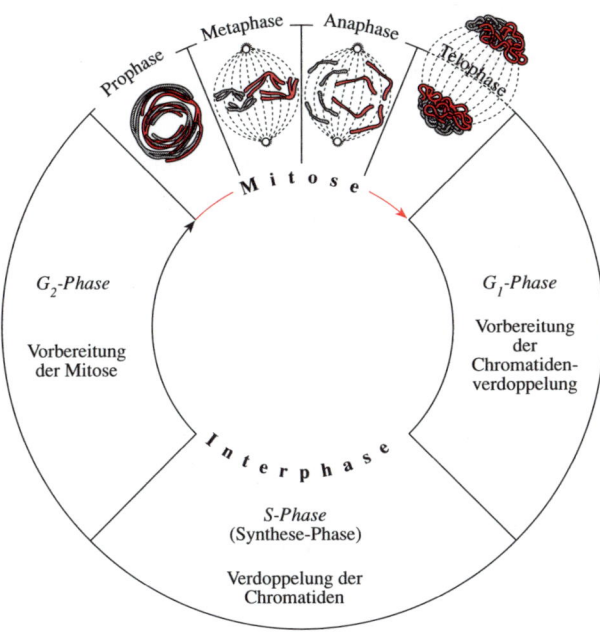

Zellzyklus

Anaphase. Die beiden Chromatiden jedes Chromosoms werden getrennt und zu den gegenüberliegenden Zellpolen gezogen. Jeder Zellpol bekommt nun einen vollständigen Chromatidensatz.

Telophase. Der Spindelapparat löst sich auf. Die Chromatiden gehen wieder in die lang gestreckte Form über. Nukleolus und Kernhülle werden neu gebildet. Zwei Zellkerne sind entstanden. An diese Kernteilung schließt nun die eigentliche Zell*teilung* an. Zwischen den neu entstandenen Zellkernen bilden sich zwei neue Zellmembranen aus, bei Pflanzenzellen außerdem zwei Zellwände. Die so entstandenen Zellen sind erbgleich mit der Ausgangszelle.

Interphase. Nun findet das Zellwachstum statt. In dieser Arbeitsphase des Zellkern wird die Erbinformation wieder kopiert und verdoppelt. Der Zellkern steuert nun als Arbeitskern das Stoffwechselgeschehen.

Die Vorgänge vom Abschluss einer Mitose bis zum Abschluss der folgenden Mitose nennt man Zellzyklus.

4 Differenzierung und Organisationsformen von Zellen

Eucyten und Procyten. Trotz erheblicher Unterschiede in ihrem Feinbau lassen sich alle Zellen von Pflanzen, Tieren, Pilzen und Einzellern auf einen einheitlichen Grundbauplan zurückführen. Sie besitzen einen membranumgrenzten Zellkern und werden daher *Eukaryoten* genannt, ihre Zellen Eucyten.

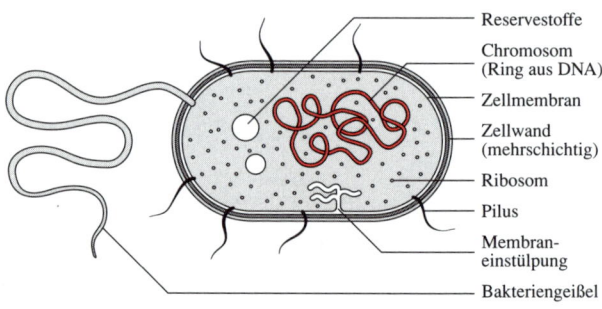

Protocyte (Bakterienzelle)

Bakterien und Cyanobakterien (Blaualgen) fehlt ein membranumgrenzter Zellkern. Sie werden daher als *Prokaryoten* bezeichnet, ihre Zelle als Procyte. Die DNA liegt bei der Procyte frei im Zellplasma. Plastiden, Mitochondrien, Dictyosomen und ER fehlen. Einstülpungen der Bakterien-Zellmembran übernehmen Aufgaben der Zellatmung, bei den Cyanobakterien Funktionen der Fotosynthese.

4.1 Zelldifferenzierung der Eucyte

Durch Zelldifferenzierung entstehen bei der Eucyte verschiedene Zellformen. Für Vielzeller ist eine Arbeitsteilung der Zellen kennzeichnend. Mit zunehmender Organisationshöhe nimmt die Zahl unterschiedlicher Zelltypen zu. Durch Spezialisierung der Zellen erhöht sich die Leistungsfähigkeit des Organismus.

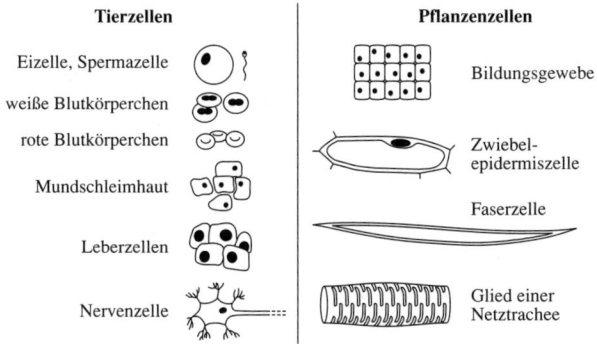

Zelldifferenzierung (Beispiele)

4.2 Zelle, Gewebe, Organ

Den Zusammenschluss gleichartiger Zellen bezeichnet man als *Gewebe*. Ein *Organ* ist aus verschiedenen Geweben aufgebaut und bildet eine funktionelle Einheit. Manche Organe dienen als *Organsystem* einer gemeinsamen Aufgabe. So arbeiten die Organe Magen, Dünndarm, Leber u. a. als Verdauungssystem.

4.3 Einzeller, Zellkolonie und Vielzeller

Bei *Einzellern* übernimmt eine einzige Zelle alle Funktionen des Lebens. Bei der Vermehrung teilen sich Einzeller im Normalfall und jede der beiden Hälften bildet eine Tochterzelle. Einzeller sind daher potentiell unsterblich. Beispiele für heterotrophe tierische Einzeller sind Pantoffeltier und Amöbe, die Grünalge Chlamydomonas ist ein autotropher pflanzlicher Einzeller. (↗ Stoffwechsel, S. 26)

Bei der Grünalge Eudorina bildet ein Zellverband aus gleichartigen vermehrungsfähigen Zellen eine *Zellkolonie*.

Die Grünalge Volvox besteht aus Zellen, die über Plasmabrücken verbunden sind und eine Hohlkugel bilden. Die koordinierte Leistung der Zellen bei der Fortbewegung und weitere Arbeitsteilung der Zellen kennzeichnen Volvox als echten *Vielzeller*. Die Vorteile der Vielzelligkeit sind mit dem Preis einer begrenzten Lebensdauer verbunden.

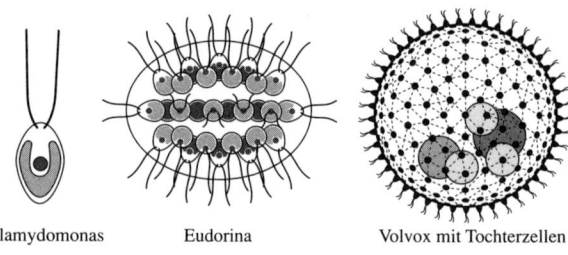

Chlamydomonas	Eudorina	Volvox mit Tochterzellen

Einzeller, Zellkolonie und Vielzeller

4.4 Viren

Viren sind keine Zellen, sondern Partikel, die stets aus Nukleinsäuren (DNA oder RNA) und einer Proteinhülle bestehen. Sie sind nicht zu selbstständigem Leben fähig. Nur im Innern von Wirtszellen können sie unter Ausnutzung des Wirtsstoffwechsels ihre Nukleinsäuren und Hüllenproteine vermehren lassen. Ein Vergleich mit Zellen zeigt, dass Viren keine Lebewesen sind, da sie nicht alle Kennzeichen des Lebendigen besitzen.

5 Bau- und Inhaltsstoffe der Zelle

Wichtigste chemische Bestandteile der Zelle sind Wasser (bei Eukaryoten etwa 76 %), die organischen Verbindungen Kohlenhydrate, Fette und Eiweiße sowie anorganische Salze.

5.1 Wasser und Mineralsalze

Die Dipoleigenschaft des H_2O-Moleküls macht Wasser zu einem sehr guten Lösungsmittel für polare Verbindungen und Salze. Salze bestehen aus positiv geladenen Kationen und negativ geladenen Anionen. In Wasser bilden die Ionen eine Hydrathülle. Dadurch verringern sich die Anziehungskräfte zwischen den gegensätzlich geladenen Ionen stark, sodass sie in wässriger Lösung frei beweglich sind und elektrischen Strom leiten können. Im Organismus hat Wasser Bedeutung als Lösungsmittel, Quellmittel, Transportmittel, als Reaktionspartner und als Mittel zur Temperaturregulation.

5.2 Organische Verbindungen

Kohlenhydrate besitzen die allgemeine Verhältnisformel $C_n(H_2O)_n$. Aufgrund der Molekülgröße unterscheidet man zwischen Mono-, Di- und Polysacchariden.

Lipide sind Fette und fettähnliche Stoffe. Fette sind Ester des Glycerins mit Fettsäuren. Gesättigte Fettsäuren enthalten nur Einfachverbindungen (-C–C-), ungesättigte Fettsäuren besitzen Doppelverbindungen (-C=C-). In Wasser sind Lipide unlöslich (hydrophob). Lipide sind wichtige Energiespeicher der Zelle. Polare Lipide sind die wesentlichen Bausteine der Biomembranen. (↗ Abbildung S. 23)

Aminosäuren und Proteine. Bausteine der Proteine (Eiweiße) sind die Aminosäuren. Diese haben in ihrem Molekül immer eine saure Carboxylgruppe (-COOH) und eine basische Aminogruppe (-NH_2) an demselben C-Atom.

Proteine bestehen aus Ketten von Aminosäuren. In natürlichen Proteinen kommen 20 verschiedene Aminosäuren vor. Sie unterscheiden sich durch den Rest (-R). Zwei Aminosäuren verbinden sich unter Wasserabspaltung zu einem Dipeptid. Bei einem Polypeptid sind viele Aminosäuren durch Peptidbindungen mit-

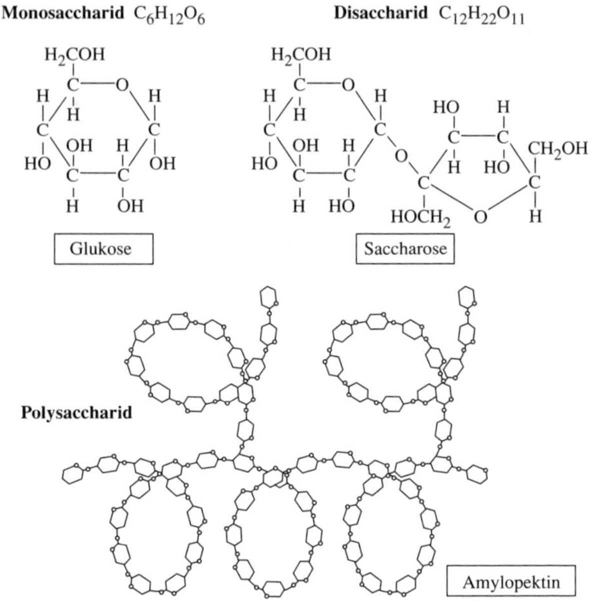

Monosaccharid $C_6H_{12}O_6$ **Disaccharid** $C_{12}H_{22}O_{11}$

Glukose   Saccharose

Polysaccharid

Amylopektin

Kohlenhydrate

einander verknüpft. Die Reste ragen als Seitenketten aus der Kette heraus und haben sauren oder basischen Charakter.

Struktur eines Proteins. Die Reihenfolge der Aminosäuren (Aminosäuresequenz) bezeichnet man als *Primärstruktur* eines Proteins. Proteine liegen jedoch nicht als gestreckte Polypeptidketten vor, sondern in geschraubter oder gefalteter Form. Diese Anordnung wird als *Sekundärstruktur* eines Proteins bezeichnet. Die gesamte Polypeptidkette wird schließlich z. B. kugelförmig zusammengefaltet. Diese räumliche Anordnung nennt man die *Tertiärstruktur* des Proteins.

Zu den Proteinen zählen die Faserproteine der Muskeln und der Haut und die Globulärproteine, die als Enzyme, Hämoglobin und Antikörper eine wichtige Rolle im Stoffwechsel spielen.

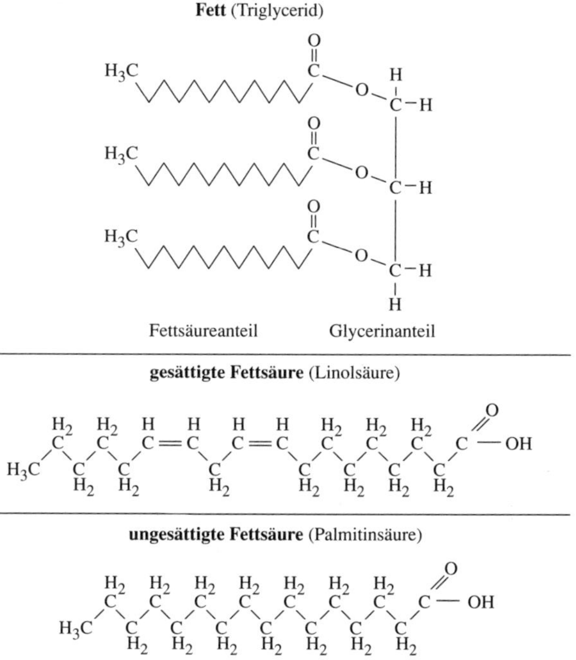

Fett (Triglycerid)

Fettsäureanteil   Glycerinanteil

---

gesättigte Fettsäure (Linolsäure)

---

ungesättigte Fettsäure (Palmitinsäure)

Lipide

Nukleotide und Nukleinsäuren. Nukleotide sind zum einen als ADP-ATP oder NAD-NADP wichtige Verbindungen im Zellstoffwechsel, zum anderen sind sie als Bausteine der Nukleinsäuren DNA und RNA die stoffliche Grundlage der genetischen Information.

Jedes Nukleotid besteht aus einer Purinbase (Adenin, Guanin) oder einer Pyrimidinbase (Thymin, Cytosin) sowie einem Zuckerrest und einem Phosphatrest. Der Zuckerrest kann entweder eine Ribose oder eine Desoxiribose sein.

Mononukleotide können zu langen Ketten (Polynukleotiden),

Aufbau einer Aminosäure

$$H_2N-\underset{\underset{R}{|}}{\overset{\overset{H}{|}}{C}}-COOH \qquad \text{(Restgruppe)}$$

$$H_2N-\underset{\underset{CH_3}{|}}{\overset{\overset{H}{|}}{C}}-COOH \qquad \text{(Alanin)}$$

Aufbau eines Dipeptids

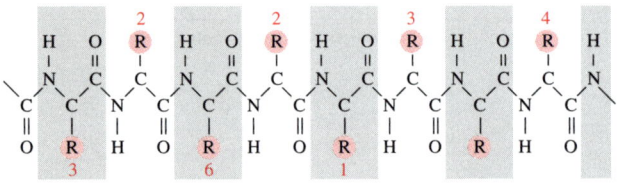

Peptidbindung

$$H_2N-\underset{\underset{CH_3}{|}}{\overset{\overset{H}{|}}{C}}-COOH + H_2N-\underset{\underset{CH_3}{|}}{\overset{\overset{H}{|}}{C}}-COOH \longrightarrow H_2N-\underset{\underset{CH_3}{|}}{\overset{\overset{H}{|}}{C}}-\underset{}{\overset{\overset{O}{\|}}{C}}-\underset{}{\overset{\overset{H}{|}}{N}}-\underset{\underset{CH_3}{|}}{\overset{\overset{H}{|}}{C}}-COOH + H_2O$$

Ala   Ala   Di-Ala

Aufbau eines Polypeptids

Primärstruktur

$\cdots$ (Asn)–(Glu)–(Gly)–(Phe)–(Phe)–(Trp)–(Thr)–(Met)–(Ile) $\cdots$

Sekundärstruktur

Tertiärstruktur

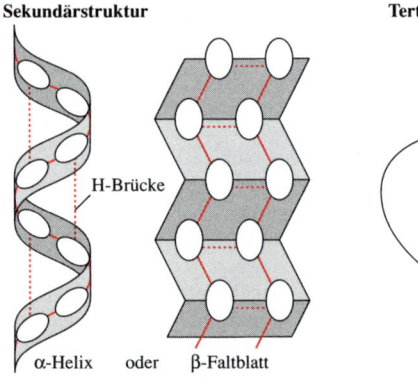

H-Brücke

α-Helix   oder   β-Faltblatt

Bauelemente und Struktur eines Proteins

Phosporsäure	O‖ HO—P—OH OH

HOCH₂ ... O ... OH
C H H C
H C—C H
OH H

Zucker
(Desoxiribose)

G — **Guanin**

C — **Cytosin**

A — **Adenin**

T — **Thymin**

Bausteine der Nukleinsäuren

den Nukleinsäuren, verknüpft werden. Nukleinsäuren codieren genetische Information durch die unterschiedlichen Reihenfolge der Basen aufeinander folgender Nukleotide (Basensequenz). (⤷ Genetik, S. 106 ff.)

Alles klar?

- Zellorganellen im Überblick
- Struktur und Funktion von Chloroplast und Mitochondrium im Vergleich
- Bau und Funktion der Biomembranen
- Prinzip und Bedeutung der Kompartimentierung
- Vergleich Protocyte und Eucyte
- Zelldifferenzierung

Stoffwechsel

Die Stoffwechselphysiologie umfasst die Prozesse der Stoff- und Energieaufnahme, der Energieumwandlung und der Energieabgabe. Die Aufrechterhaltung der Lebensvorgänge wie Wachstum, Bewegung, Reizbarkeit und Fortpflanzung ist auf ständige Energiezufuhr angewiesen. Bei allen Lebewesen laufen die biochemischen Prozesse in ihrer allgemeinen Form ähnlich ab und sind an lebende Zellen, Kompartimentierung der Reaktionsräume in der Zelle und Steuerung durch Enzyme gebunden. Eine ständige Aufnahme und Abgabe von Stoffen und ein entsprechender Energiefluss hält die Zelle in einem Fließgleichgewicht (steady state).

1 Energie

Energie ist die Fähigkeit, Arbeit zu verrichten. Arbeit ist die Veränderung eines stabilen Zustandes. Die Einheit der Energie ist das Joule (1 J = 1 kg (m^2s^{-2}). Eine alte Bezeichnung ist die Kalorie (1 Kcal = 4,1868 KJ).

Assimilation und Dissimilation. *Autotrophe Organismen,* also die grünen Pflanzen und fotosynthetisch aktive Bakterien, nutzen das Sonnenlicht als Energiequelle. Man spricht von Assimilation oder Fotosynthese.
Heterotrophe Lebewesen gewinnen die für sie lebensnotwendige Energie aus Nährstoffen mit einem hohen Gehalt an chemischer Energie. Der Vorgang wird als Dissimilation bezeichnet. Der Energiestoffwechsel dient dem Energiegewinn zur Erhaltung sämtlicher Lebensfunktionen.

1.1 Energieumwandlung

Das Verrichten von Arbeit ist mit Energieumwandlung verbunden. Nach dem Satz von der Erhaltung der Energie kann Energie weder verloren gehen noch aus dem Nichts entstehen.

◆ *Energieverbrauch* meint die Umwandlung nutzbarer Energie in für das Verrichten von Arbeit nicht mehr nutzbare Energie.
◆ *Energiegewinn* bedeutet entsprechend für ein Lebewesen, dass sich seine Gesamtenergie durch Energiezufuhr erhöht.
◆ *Energieverlust* heißt, dass durch Energieumwandlungen nur ein Teil der Energie zum Verrichten von Arbeit genutzt wurde.

Bei Lebewesen sind folgende Energieformen von Bedeutung: mechanische Energie, Wärmeenergie, chemische Energie, elektrische Energie und Lichtenergie.

1.2 Energieüberträger

Bei jeder chemischen Reaktion wird Energie umgesetzt.

◆ *Exergonische Reaktionen* liefern immer „freie Energie", die in andere Energieformen überführt werden kann.
◆ *Endergonische Reaktionen,* die nur unter Energieaufwand ablaufen, werden durch Kopplung mit exergonischen Prozessen möglich. (⬈ Abbildung S. 28)

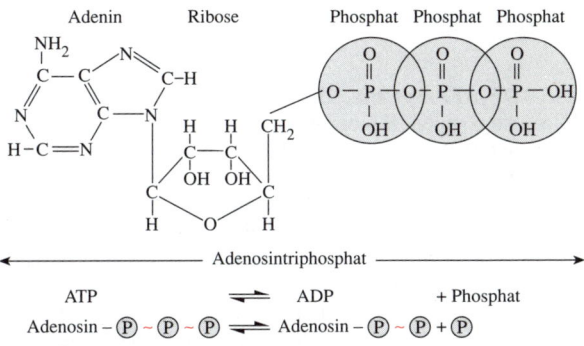

Strukturformel von ATP und das ADP-ATP-System

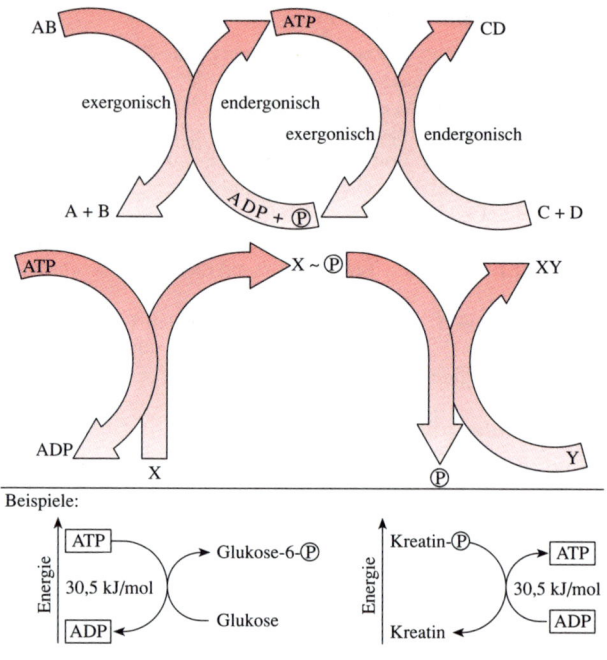

Energieübertragung von exergonischen auf endergonische Reaktionen

Das ADP-ATP-System. Adenosintriphosphat (ATP) besitzt drei Phosphatgruppen. Bei der Abspaltung der dritten endständigen Phosphatgruppe wird Energie frei. Dabei bildet sich Adenosindiphosphat (ADP). Die frei werdende Energie wird in der Zelle für endergonische Prozesse genutzt. Unter Energiezufuhr ist die Reaktion umkehrbar. Aus ADP und Phosphat entsteht ATP. Energiereiche Bindungen werden mit ~ als Bindungsstrich gekennzeichnet. (↗ Abbildung S. 27)

ATP kann den Phosphatrest auch auf andere Moleküle übertragen, deren Energiegehalt sich dadurch erhöht. Die Übertragung von Phosphatgruppen nennt man *Phosphorylierung*.

Durch den Aufbau von ATP aus ADP und Phosphat kann Energie in der Zelle in leicht abrufbarer Weise gespeichert werden. ATP ist demnach Energieüberträger und -speicher.

Die freie Energie aus der ATP-Spaltung kann zum Aufbau von chemischen Bindungen genutzt werden. Sie kann aber auch, wie bei der Muskelbewegung, in Bewegungsenergie umgewandelt werden oder, wie an der Nervenzelle, in elektrische Spannung.

2 Enzyme

2.1 Enzyme als Biokatalysatoren

Stoffe, die eine chemische Reaktion beschleunigen, am Ende der Reaktion aber wieder im ursprünglichen Zustand vorliegen, nennt man Katalysatoren. In Lebewesen werden diese Katalysatoren als Biokatalysatoren oder Enzyme bezeichnet.

Um eine chemische Reaktion zu starten, muss eine bestimmte Energie aufgewendet werden, die Aktivierungsenergie. Enzyme setzen die Aktivierungsenergie so weit herab, dass Stoffumwandlungen unter Körperbedingungen rasch ablaufen können. Dabei gehen die Enzyme unverändert aus der Reaktion hervor und sind daher nur in äußerst geringen Konzentrationen erforderlich. Die Stoffe, die von Enzymen umgesetzt werden, werden als *Substrate* bezeichnet.

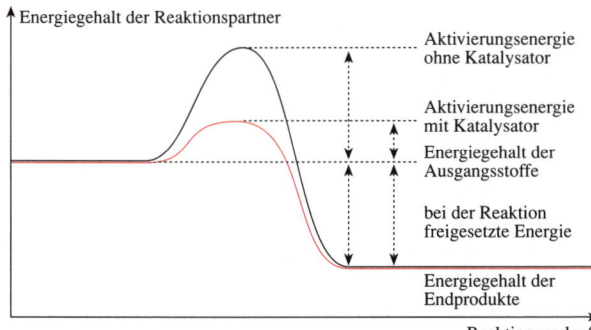

Ablauf einer enzymatischen Reaktion

Die Herabsetzung der Aktivierungsenergie ist auf eine kurzzeitige Wechselwirkung zwischen Enzym und Substrat zurückzuführen. Dadurch kommt es zu einer Lockerung der zu spaltenden Bindung.

Die Geschwindigkeit, mit der Enzyme ihr Substrat umsetzen, wird durch die *Wechselzahl* angegeben. Sie gibt die Anzahl der Substratmoleküle an, die in einer Sekunde umgesetzt werden. Im Allgemeinen liegt sie zwischen 1 000 und 1 000 000 pro Sek. Der Bereich des Enzyms, an dem das Substrat kurzzeitig gebunden wird, wird als das *Bindungszentrum* bezeichnet. Dort, wo die Umsetzung erfolgt, befindet sich das *katalytische Zentrum*. Meist liegen Bindungszentrum und katalytisches Zentrum als *aktives Zentrum* nah beisammen.

Benennung. Enzyme werden durch die Endung *-ase* gekennzeichnet. Enzyme, die Substrate unter Einbau von Wasser spalten, nennt man Hydrolasen.

2.2 Enzyme und Coenzyme

Enzyme sind hochmolekulare Proteine. Manche enthalten zudem einen Nicht-Proteinanteil, den man Coenzym oder auch Cofaktor nennt. Der Proteinanteil heißt dann Apoenzym. Ist die Bindung zum Apoenzym sehr fest, spricht man auch von der prosthetischen Gruppe. Bei Coenzymen kann es sich um Vitamine, ATP oder andere Stoffe handeln.

2.3 Wasserstoff übertragende Coenzyme

Oxidation und Reduktion. Gibt ein Molekül bei einer Reaktion Elektronen ab, spricht man von Oxidation, nimmt es Elektronen auf, spricht man von Reduktion. Bei der Oxidation organischer Moleküle werden meist zwei Elektronen zusammen mit zwei Protonen abgegeben, was formal zusammen zwei Wasserstoffatome ergibt. Wasserstoffabgabe ist somit eine Oxidation, Wasserstoffaufnahme eine Reduktion. Die von einem Molekül abgegebenen Elektronen werden von einem anderen Molekül aufgenommen. Die Oxidation eines Stoffes ist an die Reduktion eines anderen gekoppelt. Man spricht von einer *Redoxreaktion*.

$$\text{NADH} + \text{H}^+ \longrightarrow \text{NAD}^+ + 2e^- + 2\text{H}^+$$
$$\text{NADPH} + \text{H}^+ \longrightarrow \text{NADP}^+ + 2e^- + 2\text{H}^+$$

| NAD$^+$ | NADH + H$^+$ |

NAD$^+$ und NADH + H$^+$

Die **Elektronenspeichermoleküle NAD$^+$ und NADP$^+$** übernehmen bei vielen Oxidationen in der Zelle die beiden Elektronen und die beiden Protonen. Dabei werden sie zu NADH + H$^+$ bzw. NADPH + H$^+$ reduziert. An einer anderen Stelle im Zellstoffwechsel können die Elektronen und Protonen wieder abgegeben werden. Da NAD$^+$ und NADP$^+$ meist nur im Komplex mit Enzymen wirksam sind, nennt man auch sie Coenzyme.

2.4 Substrat- und Wirkungsspezifität

Die Moleküloberflächen von Substrat und Enzym passen wie der Schlüssel zum Schloss (Schlüssel-Schloss-Prinzip). Daher ist ein Enzym spezifisch für ein bestimmtes Substrat, man spricht von Substratspezifität.
Ein bestimmtes Enzym katalysiert auch nur eine bestimmte Reaktion. Es besitzt also zudem eine Wirkungsspezifität.
So kann das Disaccharid Maltose nur vom Enzym Maltase in zwei Einfachzucker Glukose gespalten werden. Dabei zerlegt Maltase den Doppelzucker durch den Einbau von Wasser:

$$C_{12}H_{22}O_{11} + H_2O \xrightarrow{\text{Enzym Maltase}} 2\ C_6H_{12}O_6$$

Wirkungs- und Substratspezifität beruhen auf der besonderen räumlichen Struktur des Enzymmoleküls.

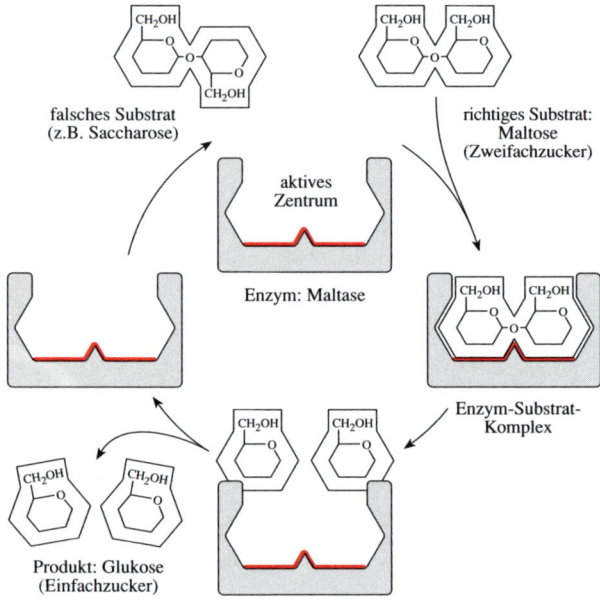

Schema zur Substrat- und Wirkungsspezifität

2.5 Enzymwirkung

Als Proteine besitzen Enzyme eine ganz bestimmte räumliche Gestalt (Tertiärstruktur). Bei vielen Enzymen befindet sich im Bereich des aktiven Zentrums eine Einbuchtung, in die das Substrat eingelagert wird. Neben der genauen Einpassung sind die elektrischen Ladungsverhältnisse und deren Anordnung von Bedeutung. Es bildet sich dann kurzzeitig ein Enzym-Substrat-Komplex. Dabei werden die chemischen Bindungen im Substratmolekül so deformiert, dass seine Reaktionsfähigkeit hin zum Endprodukt gesteigert wird. Der Enzym-Substrat-Komplex zerfällt und das Enzym kehrt in seinen Ausgangszustand zurück:

$$S \quad + \quad E \iff [ES] \to P1 + P2 + E$$

Substrat + Enzym $\iff$ ES-Komplex $\to$ Produkte + Enzym

2.6 Enzymaktivität

Die Geschwindigkeit, mit der die Substratumsetzung erfolgt (Enzymaktivität), hängt u. a. von der Substratkonzentration ab. Solange nicht alle Enzymmoleküle von Substratmolekülen besetzt sind, kann die Geschwindigkeit durch Erhöhung der Substratkonzentration gesteigert werden. Als Maß für die Enzymaktivität verwendet man aus praktischen Gründen die Substratkonzentration bei halbmaximaler Reaktionsgeschwindigkeit, die MICHAELIS-MENTEN-Konstante (K_M).

Abhängigkeit der Enzymaktivität von der Temperatur. Bei chemischen Reaktionen verdoppelt sich die Reaktionsgeschwindigkeit bei einer Temperaturerhöhung um 10 °C. Diese Abhängigkeit wird auch als Reaktionsgeschwindigkeit-Temperatur-Regel (RGT-Regel) bezeichnet.

Enzymatische Reaktionen zeigen ebenfalls ein Verhalten entsprechend der RGT-Regel. Bei hohen Temperaturen sinkt die Reaktionsgeschwindigkeit aber wieder ab, da die Enzymprote-

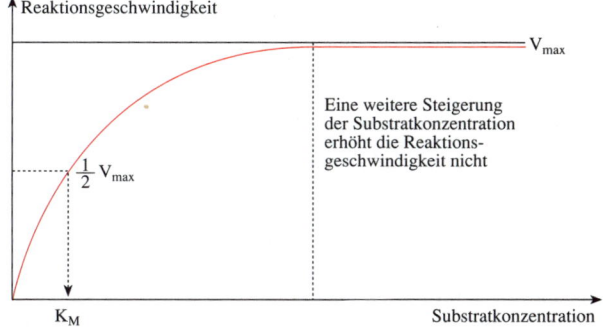

Enzymaktivität und Substratkonzentration

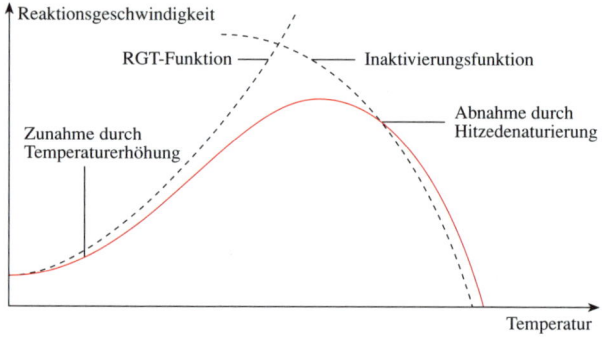

Enzymaktivität und Temperatur

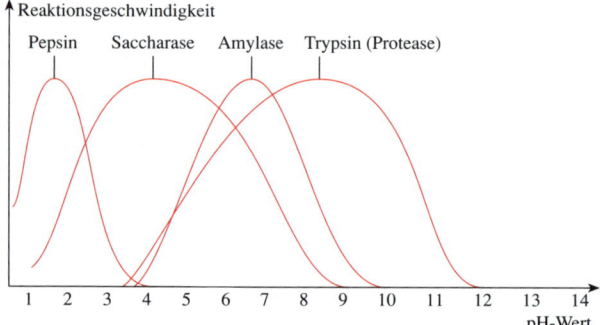

Enzymaktivität und pH-Wert

ine nicht hitzebeständig sind. Hohe Temperaturen zerstören die Tertiärstruktur, das Enzym wird denaturiert und unwirksam. ***Abhängigkeit der Enzymaktivität vom pH-Wert.*** Durch Säure- oder Basenzugabe, d. h. durch Veränderung des pH-Wertes, wird die spezifische Enzymstruktur ebenfalls bis zur Denaturierung beeinflusst. Im Experiment ergibt sich meist eine Optimums- kurve, wobei jedes Enzym sein spezifisches pH-Optimum auf- weist. So ist Pepsin in stark saurem Milieu optimal wirksam.

2.7 Enzymhemmung

Da Substrate nicht immer und überall ge- bzw. verbraucht werden, müssen die zugehörigen Enzyme in ihrer Aktivität auch gezielt gehemmt werden können. Stoffe, die leichter als das eigentliche Substrat an das Enzym gebunden werden, können die Enzymreaktion ebenso beeinflussen wie Hemmstoffe (Inhibitoren), die die räumliche Struktur des Enzyms verändern.

◆ Bei der *kompetitiven Hemmung* konkurriert ein Stoff, dessen Struktur dem Enzymsubstrat ähnlich ist, mit dem Substrat und blockiert das aktive Zentrum. Eine Erhöhung der Substratkonzentration beseitigt die Hemmug.

◆ Bei der *nicht kompetitiven Hemmung* bindet sich ein Inhibitor, z. B. ein Schwermetallion, an die Enzymproteine und inaktiviert sie irreversibel.

◆ Bei der *allosterischen Hemmung* lagert sich ein Hemmstoff nicht am aktiven Zentrum, sondern an einer anderen Stelle des Enzyms an und verändert die Struktur des gesamten Enzyms. Wird der allosterische Hemmstoff abgegeben, ist das Enzym wieder aktiv.

Enzymhemmung durch Inhibitoren darf nicht verwechselt werden mit Inaktivierung von Enzymen durch Denaturierungsprozesse wie Hitze oder extreme pH-Werte.

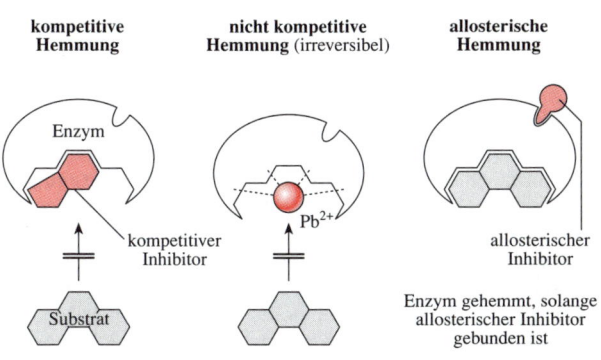

| kompetitive Hemmung | nicht kompetitive Hemmung (irreversibel) | allosterische Hemmung |

Enzymhemmung

3 Wasser- und Mineralsalzhaushalt der Pflanzen

3.1 Wasserversorgung bei Pflanzen

Bei höheren Pflanzen (Farn- und Samenpflanzen) erfolgt die *Wasseraufnahme* überwiegend in der Wurzelhaarzone. Bis zur innersten Schicht der Wurzelrinde, der Endodermis, diffundiert das Wasser durch die Hohlräume der Zellwände oder gelangt osmotisch von Zelle zu Zelle. Über die Endodermis regelt die Pflanze die Aufnahme des Wassers und der darin gelösten Ionen. In den Wasserleitgefäßen der Wurzel wirkt ein nach oben gerichteter Wurzeldruck.

Der *Wassertransport* erfolgt im Holzteil (Xylem) der Leitbündel, einem Gefäßsystem aus toten, zu Röhren verschmolzenen Zellen. Der Siebteil (Phloem) der Leitbündel enthält lebende Zellen (Siebröhren), die Fotosyntheseprodukte aus den Blättern in die anderen Pflanzenteile transportieren.

Die *Wasserabgabe* durch die Spaltöffnungen und die Oberfläche der Blätter erfolgt aufgrund von Verdunstung (Transpiration) und erzeugt in den Blättern ein Wasserdefizit, sodass ein Transpirationssog entsteht. Aufgrund der Oberflächenspannung der Wassermoleküle (Kohäsion) entstehen feine Wasserfäden, die über Blattadern und Leitbündel Wasser von den Wurzeln ansaugen. Der Wurzeldruck unterstützt den Wassertransport nach oben.

Samenpflanzen können die Öffnungsweite ihrer Spaltöffnungen und damit das Maß der Transpiration durch Schließzellen regulieren.

3.2 Mineralsalzbedarf der Pflanzen

Die Ionenaufnahme erfolgt selektiv durch die semipermeablen Membranen der Endodermis. Der Boden als Substrat enthält die Mineralsalze entweder als freie, im Bodenwasser gelöste Ionen oder als an Bodenkolloide gebundene Ionen. Etwa 98 % der Salze im Boden sind schwer löslich und können nur schwer freigesetzt werden. Etwa 0,2 % sind gelöst und sofort verfügbar. Der Rest ist an die Bodenteilchen gebunden. Über Ionenaustauschprozesse oder durch aktiven Transport auch gegen das Konzentrationsgefälle werden die Salze aufgenommen.

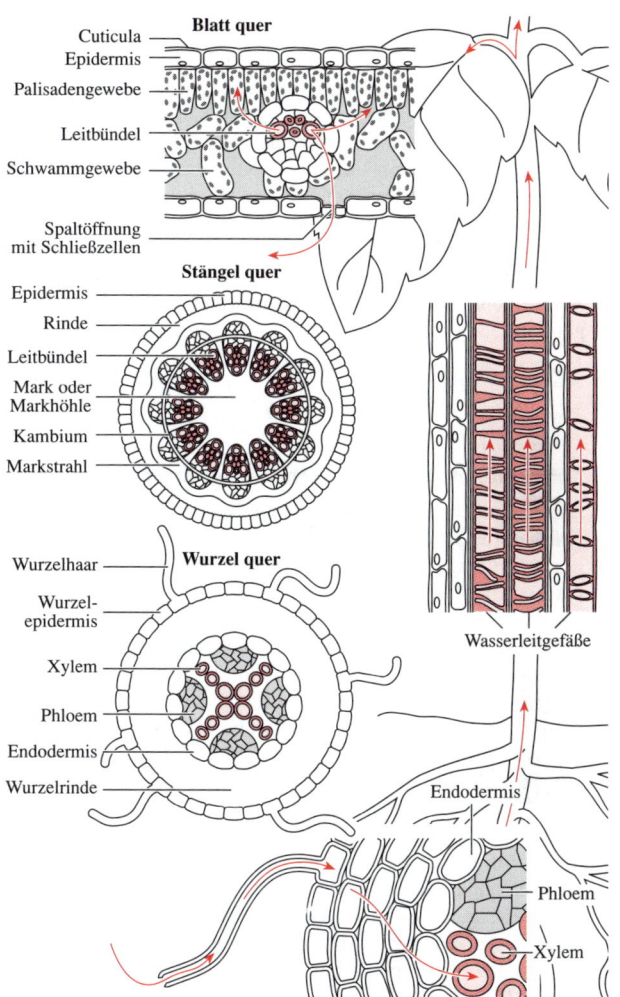

Blatt quer

- Cuticula
- Epidermis
- Palisadengewebe
- Leitbündel
- Schwammgewebe
- Spaltöffnung mit Schließzellen

Stängel quer

- Epidermis
- Rinde
- Leitbündel
- Mark oder Markhöhle
- Kambium
- Markstrahl

Wasserleitgefäße

Wurzel quer

- Wurzelhaar
- Wurzelepidermis
- Xylem
- Phloem
- Endodermis
- Wurzelrinde

- Endodermis
- Phloem
- Xylem

Wassertransport bei Samenpflanzen

4 Fotosynthese (Assimilation)

Die Fotosynthese ist *der* grundlegende Stoffwechselprozess, von dem alles pflanzliche, tierische und menschliche Leben abhängt. Grüne Pflanzen nutzen dabei für ihre autotrophe Ernährung das Sonnenlicht als Energiequelle und bauen aus dem Kohlenstoffdioxid der Luft und Wasser Glukose als organischen Stoff auf, wobei Sauerstoff freigesetzt wird. Aus den Glukosemolekülen wird meist Stärke als energiereicher Vorratsstoff aufgebaut und gespeichert. Ort der Fotosynthese sind die mit lichtabsorbierenden Blattfarbstoffen ausgestatteten Chloroplasten. Vereinfacht lässt sich die Summenformel der Fotosynthese folgendermaßen formulieren:

$$6\ CO_2 + 6\ H_2O \xrightarrow[\text{Chlorophyll}]{\text{Lichtenergie}} C_6H_{12}O_6 + 6\ O_2$$

4.1 Abhängigkeit der Fotosynthese von Außenfaktoren

Licht. Zunächst nimmt die Fotosyntheseleistung bei konstanter Temperatur proportional mit der Lichtintensität zu. Wann die Lichtsättigung erreicht ist, hängt von der Pflanzenart ab. Man unterscheidet je nach Lichtbedarf Sonnenpflanzen und Schattenpflanzen.

Temperatur. Die volle Fotosyntheseleistung wird nur innerhalb eines sehr engen Temperaturoptimums erreicht. Je nach Anpassung zeigen die verschiedenen Pflanzenarten sehr unterschiedliche Optimumwerte. Die Fotosynthese beginnt i. A. bei 0 °C und erreicht ihr Optimum bei 20–35 °C. Höhere Temperaturen wirken sich störend auf die beteiligten Enzyme aus, die Fotosyntheserate sinkt entsprechend.

Kohlenstoffdioxid. Die Luft enthält nur 0,03 Vol.-% CO_2. Da das Optimum der Fotosynthese bei etwa 0,1 Vol.-% liegt, kann die Fotosyntheseleistung durch Erhöhung des CO_2-Gehaltes der Luft gesteigert werden (z. B. durch Düngung mit Kompost, da beim Zersetzen durch Mikroorganismen die bodennahe Luftschicht mit CO_2 angereichert wird). Oberhalb vom 0,1 Vol.-% CO_2 tritt eine Hemmung der Fotosyntheseleistung ein.

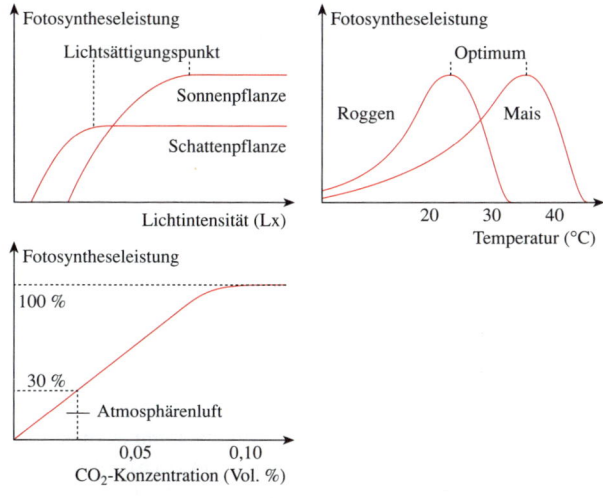

Abhängigkeit der Fotosynthese von Außenfaktoren

4.2 Das Blatt als Organ der Fotosynthese

Blattaufbau. Das obere Abschlussgewebe (Epidermis) des Blattes ist mit einer wachsartigen Schicht (Cuticula) überzogen. Das darunter liegende Palisadengewebe führt im Wesentlichen die Fotosynthese durch. Hier liegen chloroplastenreiche Zellen dicht aneinander. Das lockere Schwammgewebe ist besonders am Gasaustausch beteiligt. Spaltöffnungen in der unteren Epidermis regulieren die Transpiration und damit u. a. auch die CO_2-Aufnahme.

Blattfarbstoffe. In den Chloroplasten sind die Blattfarbstoffe verantwortlich für die Fotosynthese. Dabei lassen sich grüne Chlorophylle und gelbliche Carotinoide unterscheiden. Diese Blattpigmente sind in die Membranen der Grana-Thylakoide des Chloroplasten eingelagert und absorbieren Licht in einem bestimmten Wellenlängenbereich. (↗ Zellbiologie, S. 10)

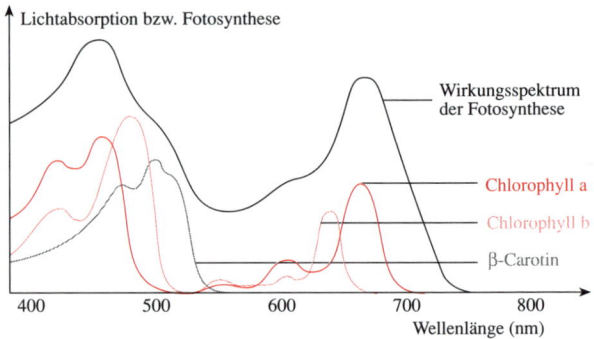

Absorptions- und Wirkungsspektrum

Lichtabsorption. Durch das eingestrahlte Licht werden Elektronen der Chlorophyllmoleküle auf ein höheres Energieniveau gehoben. Beim Zurückfallen in den Ausgangszustand kann die frei werdende Energie für fotochemische Arbeit genutzt werden.

Absorptions- und Wirkungsspektrum. Ein Vergleich der Absorptionsspektren der Blattfarbstoffe mit dem Wirkungsspektrum der Fotosynthese (Fotosyntheserate) zeigt, dass die benötigte Lichtenergie hauptsächlich vom Chlorophyll absorbiert wird.

4.3 Licht- und Dunkelreaktionen der Fotosynthese

Die Fotosynthese besteht aus lichtabhängigen Primärvorgängen (Lichtreaktion) und lichtunabhängigen Sekundärvorgängen (Dunkelreaktion). Die Lichtreaktion findet in den Grana des Chloroplasten, die Dunkelreaktion im Stroma statt.

Im Verlauf der Lichtreaktion wird Wasser gespalten. Dabei wird ATP erzeugt und Sauerstoff freigesetzt. Während der Dunkelreaktion findet der Aufbau von Kohlenhydraten aus CO_2 statt.

Lichtabhängige Primärvorgänge wandeln Lichtenergie in chemische Energie um. Die Absorption von Lichtenergie bewirkt, dass Elektronen des Chloropyllmoleküls in einen energiereichen

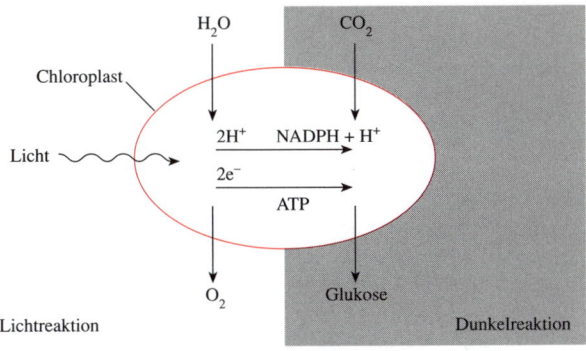

Licht- und Dunkelreaktion der Fotosynthese

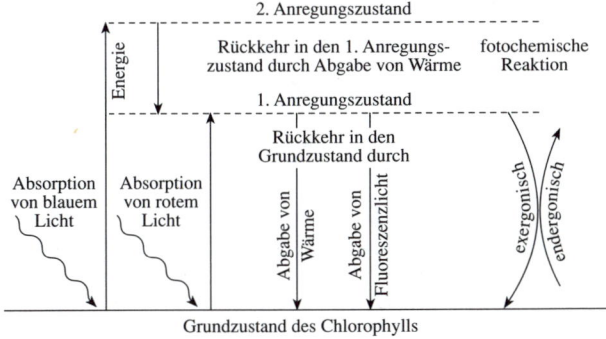

Lichtanregung von Chlorophyll

Zustand (Anregungszustand) übergehen. Die Rückkehr in den Grundzustand (exergonische Reaktion) setzt die aufgenommene Energie wieder frei. Diese Freisetzung erfolgt als Wärmeenergie sowie in Form von Licht oder sie ist gekoppelt mit einer endergonischen chemischen Reaktion und dient dieser als Antrieb.

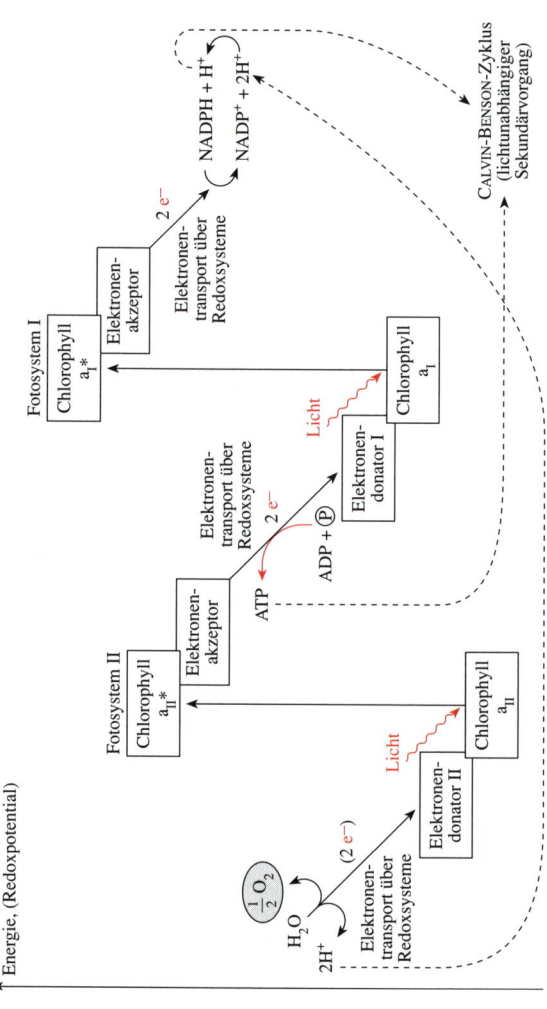

Energie, (Redoxpotential)

Fotosystem I
Chlorophyll a_I^*
Elektronenakzeptor
Elektronentransport über Redoxsysteme
2 e^-
NADPH + H$^+$
NADP$^+$ + 2H$^+$

CALVIN-BENSON-Zyklus (lichtunabhängiger Sekundärvorgang)

Chlorophyll a_I
Licht
Elektronendonator I
ADP + Ⓟ
ATP

Fotosystem II
Chlorophyll a_{II}^*
Elektronenakzeptor
Elektronentransport über Redoxsysteme
2 e^-

Chlorophyll a_{II}
Licht
Elektronendonator II

$\frac{1}{2}$ O$_2$
(2 e^-)
H$_2$O
2H$^+$
Elektronentransport über Redoxsysteme

Lichtabhängige Primärvorgänge

Bei der Umwandlung von Lichtenergie in chemische Energie (Lichtreaktion) wird Wasser gespalten (Fotolyse) und ATP gebildet (Fotophosphorylierung). Die durch Lichtenergie angeregten Elektronen des Chlorophylls verlassen den Molekülverband (Elektronendonator II) und werden von einem Elektronenakzeptor aufgenommen. Über eine Reihe von Redoxreaktionen (Elektronentransportkette) werden die Elektronen weitergeleitet, bis sie schließlich vom $NADP^+$ aufgenommen werden.

Der Elektronendonator II entzieht seinerseits dem Wasser Elektronen. Wasser wird dadurch gespalten (Fotolyse des Wassers) und es entstehen Sauerstoff und Protonen. Der Sauerstoff wird an die Umgebung abgegeben. Die Protonen gelangen wie zuvor die Elektronen zum $NADP^+$ und es entsteht $NADPH + H^+$.

Die Anregung der Chlorophyllmoleküle durch Lichtenergie ist ein endergonischer Vorgang. Durch die Fotolyse des Wassers und die Reduktion von $NADP^+$ zu $NADPH + H^+$ ist ein Teil der absorbierten Lichtenergie gebunden worden.

Ein anderer Teil der Energie wird zur ATP-Synthese herangezogen. Zum einen erfolgt die ATP-Synthese zwischen Fotosystem I und Fotosystem II (nichtzyklische Fotophosphorylierung), zum anderen können Elektronen innerhalb des Fotosystems I auf ein niedrigeres Energieniveau zurückfallen und mit der dabei frei werdenden Energie ATP bilden (zyklische Fotophosphorylierung).

Lichtunabhängige Sekundärvorgänge (CALVIN-BENSON-Zyklus). Mit Hilfe der energiereichen Produkte der Lichtreaktion ($NADPH + H^+$ und ATP) können im Stroma der Chloroplasten endergonische Reaktionen zum Aufbau von Glukose aus CO_2 stattfinden. Hierbei wird das aus der Luft aufgenommene CO_2 reduziert. Das CO_2 reagiert zunächst mit Ribulosebiphosphat. Über die Zwischenstufen Glycerinsäurephosphat und Triosephosphat entsteht schließlich Glukose. Von zwölf Triosephosphat-Molekülen werden lediglich zwei zu Glukose. Die restlichen zehn Moleküle werden zum Aufbau von sechs Molekülen Ribulosebiphosphat als Akzeptor des CO_2 benötigt. Die Folgende Abbildung zeigt diesen Vorgang im C-Körper-Schema.

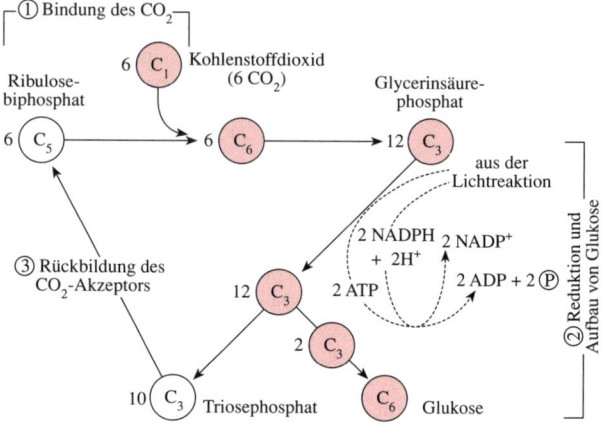

① Bindung des CO_2

Kohlenstoffdioxid
(6 CO_2)

Ribulose-
biphosphat

6 C_1

Glycerinsäure-
phosphat

6 C_5 → 6 C_6 → 12 C_3

aus der
Lichtreaktion

2 NADPH
+ 2H$^+$

2 NADP$^+$

③ Rückbildung des
CO_2-Akzeptors

12 C_3

2 ATP

2 ADP + 2 Ⓟ

② Reduktion und Aufbau von Glukose

2 C_3

10 C_3 Triosephosphat

C_6 Glukose

Lichtunabhängige Sekundärvorgänge

4.4 Fotoautotrophe Bakterien

Neben den grünen Pflanzen sind auch einige Bakterienarten zur Fotosynthese fähig. Im Gegensatz zu den heterotrophen Bakterien sind diese Arten fotoautotroph. Die blaugrünen Cyanobakterien enthalten als Farbstoff Chlorophyll a, andere Arten ein spezielles Bakterienchlorophyll. Da Bakterien keine Chloroplasten besitzen, liegen die Farbstoffe auf nach innen gestülpten Thylakoiden im Zellplasma.

5 Chemosynthese

Verschiedene Bakterienarten nutzen energiereiche anorganische Stoffe als Energiequelle. Sie nehmen die Substanzen aus der Umwelt auf, oxidieren diese und scheiden die Oxidationsprodukte aus. Bei der Oxidation werden den anorganischen Verbindungen Elektronen entzogen. Die frei werdende Energie wird zum Aufbau von ATP und NADPH+H$^+$ verwendet und damit schließlich CO_2 zu Kohlenhydraten reduziert. Diese Reduktion erfolgt wie bei der Fotosynthese über den CALVIN-BENSON-Zyklus. Zu den chemoautotroph lebenden Organismen zählen Nitrit-, Nitrat-, Schwefel- und Eisenbakterien, die als Bodenbewohner eine wichtige Rolle bei der Bereitstellung von Mineralsalzen spielen.

6 Ernährung und Stofftransport bei Tier und Mensch

6.1 Grundstoffe der menschlichen Nahrung

Nahrungsmittel enthalten Nährstoffe, die in Kohlenhydrate, Fette und Eiweiße (Proteine) unterteilt werden. Darüber hinaus braucht der menschliche Körper Vitamine, Mineralstoffe, Ballaststoffe und Wasser.

Die Stoffe in der Nahrung werden in Bau- und Betriebsstoffe unterteilt.

♦ *Baustoffe* dienen dem Körperwachstum und dem Ersatz verbrauchter Körperzellen. Die wichtigsten Baustoffe des Körpers sind Proteine.

♦ *Betriebsstoffe* sind Energielieferanten. Bei ihrem Abbau wird Energie frei. Kohlenhydrate sind die wichtigsten Energielieferanten. Die meisten überschüssigen Betriebsstoffe werden in Fette umgewandelt und als Reservestoffe gespeichert.

Nährstoffe	Aufbau	Funktion
Kohlenhydrate	Einfachzucker (z. B. Traubenzucker), Zweifachzucker (z. B. Milchzucker, Rohrzucker), Vielfachzucker (Stärke, Cellulose, tierisches Glykogen)	Betriebs- und Baustoffe
Proteine (Eiweiße)	Aminosäuren (acht davon kann der menschliche Organismus nicht selbst aufbauen, diese essentiellen müssen über die Nahrung aufgenommen werden)	vorwiegend Baustoffe
Fette	Glycerin und Fettsäuren (einige Fettsäuren (essentielle) müssen über die Nahrung aufgenommen werden	Betriebsstoffe

Vitamine, Mineralstoffe und Ballaststoffe

Vitamine sind lebensnotwendige Wirkstoffe, die mit der Nahrung aufgenommen werden müssen. Man kennt über 20 verschiedene Vitamine. Sie sind in kleinen Mengen wirksam (oft als Coenzyme) und sorgen für einen geregelten Ablauf der Stoffwechselreaktionen. Eine nicht ausreichende Zufuhr führt zu Mangelerscheinungen und -krankheiten (Avitaminosen). So kann z. B. ein Mangel an Vitamin C (Ascorbinsäure) Zahnfleischbluten, Anfälligkeit für Infektionen und Skorbut (Knochenverkrümmung) zur Folge haben.

Mineralstoffe sind lebenswichtige anorganische Stoffe wie z. B. Natrium-, Kalium-, Calcium-, Magnesium-, Chlorid- und Phosphatverbindungen. Einige davon wie Magnesium-, Eisen- und Jodverbindungen braucht der Mensch nur in winzigen Spuren (Spurenelemente). Calcium, Phosphat und Fluor sind am Knochenbau beteiligt. Eisenverbindungen dienen zur Blutbildung, Jod ist im Hormon Thyroxin enthalten. Natrium- und Kaliumionen sind Voraussetzung für die Erregungsleitung im Nervensystem. Auch eine nicht ausreichende Zufuhr an Mineralstoffen führt zu Mangelerscheinungen.

Ballaststoffe sind unverdauliche Nahrungsbestandteile (wie z. B. Cellulose), die die Sekretion von Verdauungssäften fördern und die Darmperistaltik anregen.

6.2 Energieumsatz

Stoffwechselreaktionen sind mit einem Energieumsatz verbunden.

Der *Grundumsatz* ist der Energiebetrag, den der Körper in Ruhe verbraucht. Der *Leistungs-* oder *Arbeitsumsatz* ist der zusätzliche Energieverbrauch bei körperlicher Arbeit. Der *Gesamtumsatz* besteht aus Grundumsatz plus Leistungsumsatz.

Messung des Energieumsatzes. Ein Verfahren zur Messung des Energieumsatzes ist die Kalorimetrie. Bei der direkten Kalorimetrie wird der Energieumsatz über die Wärmeabgabe des Körpers gemessen. Bei der indirekten Kalorimetrie geht man von der Überlegung aus, dass bei der Oxidation der Nährstoffe die beteiligten Stoffmengen und der Energieumsatz in einem direkten Verhältnis zueinander stehen. Aus der Menge des verbrauchten Sauerstoffs und des ausgeschiedenen Kohlenstoffdioxids lässt sich daher der Energieumsatz berechnen.

Der *Brennwert* gibt den Energiegehalt an, der bei vollständiger Oxidation eines Nährstoffes frei wird. Der physikalische Brennwert gibt die Energiefreisetzung im Kalorimeter an und wird vom entsprechenden Energiewert aus der Oxidation im Körper, dem physiologischer Brennwert, unterschieden. Der *Respiratorische Quotient* (RQ) drückt das Verhältnis von aufgenommenem Sauerstoff zu abgegebenem Kohlenstoffdioxid aus (CO_2 : O_2).

Bei Kohlenhydraten und Fetten sind der physikalische und der physiologische Brennwert gleich, bei Eiweißen ist der physiologische Brennwert geringer. Die Differenz ist auf die Bildung von relativ energiereichem Harnstoff aus Eiweiß zurückzuführen.

	Kohlen hydrate	Fette	Eiweiße
Physikalischer Brennwert (kJ/g)	17,18	38,96	23,88
Physiologischer Brennwert (kJ/g)	17,18	38,96	17,18
Respiratorischer Quotient (RQ)	1	0,7	0,83

Mittlere Energiewerte von Nährstoffen

6.3 Verdauung und Resorption beim Menschen

Verdauung ist die Zerlegung der Nahrung in wasserlösliche Teilchen, die vom Blut aufgenommen und transportiert werden können.

Mundverdauung. Im Mund wird die Nahrung zerkleinert und geprüft. Durch das Enzym Amylase im Mundspeichel wird Stärke zum Teil in Doppelzucker (Disaccharid, hier Maltose) vorverdaut.

Magenverdauung. Im Magen wird der Speisebrei mit Magensaft durchmischt. Salzsäure tötet Bakterien ab. Das Enzym Pepsin des Magensaftes zerlegt Eiweiße in Peptid-Bruchstücke.

Dünndarmverdauung. Im Dünndarm wird Fett durch Gallensaft in feinste Tröpfchen geteilt (emulgiert).

Enzyme aus Bauchspeicheldrüse und Dünndarmschleimhaut zerlegen Fette zu Glycerin und Fettsäuren, Eiweiße zu Aminosäuren und Kohlenhydrate zu Einfachzuckern.

Resorption. Die Aufnahme von Nährstoffen (Resorption) findet im Dünndarm statt. Hier werden Einfachzucker und Aminosäuren durch die Wand der Darmzotten in das Blutgefäßsystem aufgenommen. Durch die Pfortader gelangen sie zur Leber. Fettsäuren und Glycerin werden vom Lymphgefäßsystem aufgenommen.

Im Dickdarm findet keine Verdauung statt. Seine Hauptaufgabe besteht darin, möglichst viel Wasser und darin enthaltene Mineralstoffe aus dem Darminhalt zurückzugewinnen (Rückresorption), bevor der unverdauliche Teil der Nahrung (Kot) über den Mastdarm ausgeschieden wird.

Die ***Leber*** ist als zentrales Stoffwechselorgan an einer Vielzahl von Stoffwechselvorgängen beteiligt. Neben dem Abbau von Eiweißen und Fettsäuren, der Speicherung von Kohlenhydraten, der Entgiftung des Blutes und dem Abbau gealteter roter Blutkörperchen bildet sie Gallensaft, der in der Gallenblase gespeichert und an den Dünndarm abgegeben wird.

6.4 Stofftransport im Körper

	Bestandteile
Blutplasma	Wasser (90 %), Proteine, Fette, Traubenzucker, Mineralsalze, Vitamine, Hormone, Abwehrstoffe, Abfallstoffe, Gerinnungsstoffe
Blutzellen	*Rote Blutkörperchen* (Erythrozyten) ohne Zellkern, die den Blutfarbstoff Hämoglobin enthalten, der O_2 und CO_2 bindet und durch den Körper transportiert.
	Weiße Blutkörperchen (Leukozyten), farblose Zellen mit Zellkern, aber ohne feste Gestalt, die sich wie Amöben fortbewegen und die Blutgefäße verlassen können. Sie bilden das Abwehrsystem.
	Blutplättchen (Thrombozyten), Zellbruchstücke, die Gerinnungsstoffe produzieren (Wundverschluss).

Zusammensetzung des Blutes

Blutkreislauf beim Menschen

Das Blut transportiert die Atemgase Sauerstoff und Kohlenstoffdioxid, es transportiert Nährstoffe und Stoffwechselendprodukte, Wirkstoffe wie Hormone und Vitamine sowie Wärme zur Regelung der Körpertemperatur. Darüber hinaus produziert das Blut Abwehrstoffe gegen Krankheitserreger sowie Fremdkörper und es schützt den Körper vor Blutverlust durch Blutgerinnung.

Herz. Als Hohlmuskel pumpt das Herz Blut durch den Körper. Es besteht aus zwei Vorhöfen und zwei Herzkammern. Ein System von Ventilen leitet die Blutströmung im Herzen in eine Richtung. Das Herz arbeitet als Saug-Druck-Pumpe in zwei Arbeitstakten. Beide Herzhälften arbeiten gleichzeitig, wobei sich zunächst die Vorkammern kontrahieren und ihr Blut an die erschlafften Herzkammern abgeben. Das Zusammenziehen der Herzmuskulatur nennt man *Systole,* das Erschlaffen der Herzmuskulatur und Einfüllen des Blutes *Diastole.*

Blutgefäße. Die Wände der Blutgefäße, die vom Herzen wegführen (Arterien), sind dick und enthalten kräftige Ringmuskulatur. Die elastische Arterienwand kann die Druckschwankungen, die das pumpende Herz erzeugt, ausgleichen. Die Blutgefäße, die zum Herzen hinführen (Venen), sind dünnwandiger. Taschenklappen verhindern das Zurückfließen des Blutes.

Die Blutgefäße verzweigen sich im Körper immer mehr und bilden schließlich ein Netz feinster Kapillaren. In diesen werden Nährstoffe und Sauerstoff an das Gewebe abgegeben, Kohlenstoffdioxid und Abfallstoffe aufgenommen.

Lymphgefäße. Blutflüssigkeit, die aufgrund des Blutdrucks im Kapillarbereich durch die Gefäßwände sickert, bezeichnet man als Lymphe. Sie wird in Lymphgefäßen gesammelt und in den Lymphknoten gefiltert. Die im ganzen Körper verzweigten Lymphgefäße vereinigen sich zum Lymphbrustgang, der in die linke Schlüsselbeinvene mündet.

Körperkreislauf. Die linke Herzhälfte pumpt das arterielle Blut in die große Körperschlagader (Aorta). Von der Aorta gehen die Gefäße aus, die alle Organe durchbluten. Über die große Hohlvene gelangt das venöse Blut schließlich zum rechten Herzvorhof zurück.

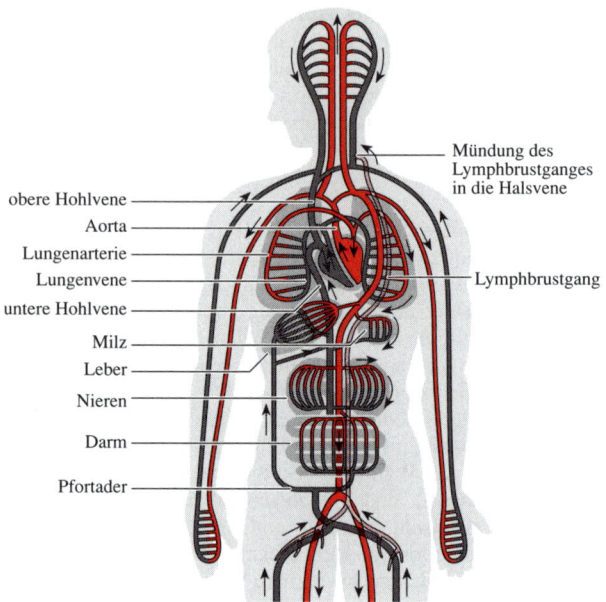

Blutkreislauf mit Lymphbrustgang

Lungenkreislauf. Von der rechten Herzkammer gelangt das sauerstoffarme Blut über die Lungenarterie zur Lunge. Mit Sauerstoff beladen kommt es durch die Lungenvene über den linken Vorhof zur linken Herzkammer.

Blutkreislaufsysteme im Tierreich

Im Tierreich findet man offene und geschlossene Blutgefäßsysteme. In offenen Gefäßsystemen, wie sie z. B. viele Weichtiere und Gliederfüßer besitzen, fließt das Blut nur kurz in offen endenden Gefäßen und dringt frei in Spalten zwischen Geweben und Organen ein.

Der Blutkreislauf der Wirbeltiere ist ein geschlossenes Blutgefäßsystem. Beim Herz der Wirbeltiere lässt sich eine Zunahme der Leistungsfähigkeit von den Fischen über die Amphibien und Reptilien zu den Vögeln und Säugetieren feststellen.

Atmung

Die Aufnahme von Sauerstoff in den Körper und die Abgabe von Kohlenstoffdioxid wird als *äußere Atmung* bezeichnet. Die in der Zelle stattfindende Oxidation energiereicher Nahrungsstoffe zur Energiegewinnung nennt man *Zellatmung* oder *innere Atmung*.

Lungenatmung. Beim Menschen wird die Luft durch Nase und Mund aufgenommen und strömt durch die Luftröhre, die sich in zwei Bronchien teilt, in die Lunge. Die Bronchien verzweigen sich zu feinsten Bronchiolen, an deren Enden unzählige Lungenbläschen (Alveolen) sitzen.

Bei den Wirbeltieren ist von den Amphibien über die Reptilien zu den Vögeln und Säugetieren ist eine zunehmende Vergrößerung der inneren Oberfläche der Lungen festzustellen.

Gasaustausch. Um die Lungenbläschen liegt ein Netz feinster Blutgefäße (Lungenkapillaren). Zwischen Lungenbläschen und Lungenkapillaren findet der Gasaustausch statt. Sauerstoff diffundiert aus den Lungenbläschen ins Blut. Das Blut transportiert den Sauerstoff zu den Körperzellen. Kohlenstoffdioxid wird von den Körperzellen an das Blut abgegeben. Es tritt von den Lungenkapillaren in die Lungenbläschen über und wird ausgeatmet.

Hautatmung reicht bei vielen kleineren Tieren zur O_2-Versorgung aus. Frösche decken den größten Teil ihres Sauerstoffbedarfes über die feuchte Außenhaut und die Haut der Mundhöhle. Würmer und Libellenlarven atmen durch die Haut des Enddarmes.

Tracheenatmung findet man bei Insekten, Tausendfüßern und vielen Spinnen. Tracheen sind mit Chitin ausgesteifte Luftröhren, die sich im Körper stark verästeln und den Sauerstoff bis unmittelbar an die Zellen heranführen.

Kiemenatmung ist kennzeichnend für viele Wassertiere. Kiemen sind dünnhäutige, stark durchblutete Ausstülpungen der Körperoberfläche.

6.5 Ausscheidung und Wasserhaushalt

Stoffwechselprodukte, die nicht mehr verwertbar sind und bei Anreicherung den Körper vergiften würden (Exkrete), müssen ausgeschieden werden. Diese Exkretion reguliert zugleich den Wasser- und Mineralsalzhaushalt des Körpers. Exkretionsorgane sind also zugleich Organe der Osmoregulation.

Bau und Funktion der menschlichen Niere

Abfallstoffe, die von der Leber und anderen Organen aus ins Blut gelangen, werden beim Menschen und bei den Wirbeltieren von den Nieren ausgeschieden. Nierenkörperchen in der Nierenrinde filtern Primärharn aus dem Blut. Auf dem Weg durch die Nierenkanälchen werden Wasser und wertvolle Stoffe aus dem Primärharn zurückgewonnen, bis schließlich der Endharn entsteht. Die Rückresorption des Wassers erfolgt immer passiv entsprechend dem osmotischen Gefälle. Bei der Rückresorption von Glukose, Natrium und anderen Stoffen spielen auch aktive Transportvorgänge eine Rolle. Der Endharn mit Harnstoff, Giftstoffen sowie anderen überschüssigen Stoffen gelangt in das Nierenbecken und von dort in die Harnblase. Nierenkörperchen und Nierenkanälchen bilden eine morphologische und funktionelle Einheit, das Nephron.

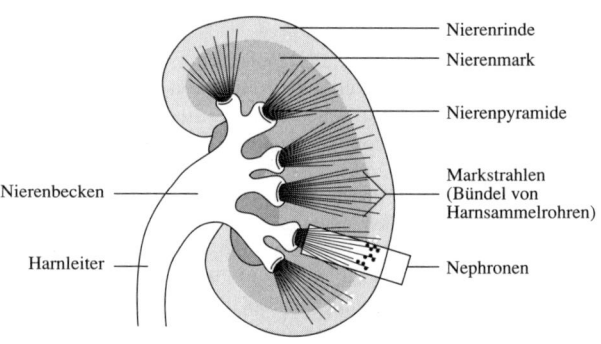

Niere des Menschen

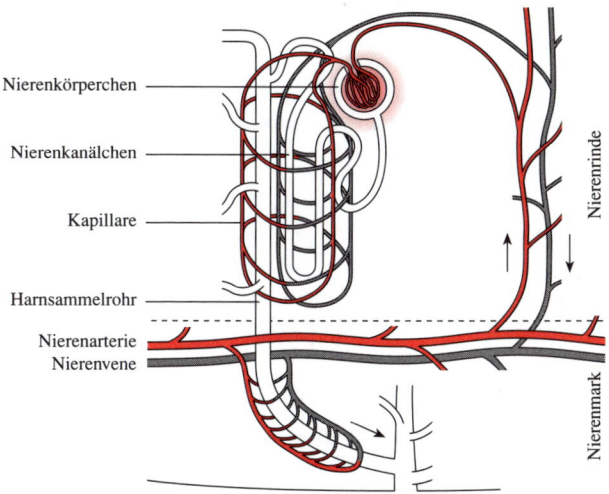

Nierenkörperchen

Nierenkanälchen

Kapillare

Harnsammelrohr

Nierenarterie
Nierenvene

Nierenrinde

Nierenmark

Bau eines Nephrons

Ausscheidung und Wasserhaushalt bei Tieren

Süßwassertiere. Bei Einzellern entleeren pulsierende Vakuolen durch Osmose eingedrungenes Wasser nach außen.

Süßwasserfische geben mit großen Mengen verdünnten Harns überschüssiges Körperwasser ab, um osmotisch eingedrungenes Außenwasser wieder loszuwerden. (↗ Zellbiologie, S. 14)

Meerestiere. Bei den meisten Wirbellosen der Meere stimmt der osmotische Wert ihrer Körperflüssigkeit mit dem des Meerwassers überein.

Meeresfische, deren Körperflüssigkeit gegenüber dem Meer hypotonisch ist, also eine geringere Konzentration hat, müssen ständig Meerwasser trinken, um den Wasserverlust aufgrund von Osmose auszugleichen. Überschüssige Salzionen werden über die Kiemen aktiv ausgeschieden. Wassertiere wie Fische geben als Endprodukt des Eiweißstoffwechsels giftigen Ammoniak direkt ins Wasser ab.

Bei *Landtieren* ist die Verdunstung durch die äußere Hülle eingeschränkt und auch die Wasserausscheidung erfolgt sparsam. Insekten und Spinnentiere scheiden über Malpighische Gefäße wasserunlösliche Harnsäure aus, Reptilien und Vögel scheiden *Harnsäure* über Nieren aus. Bei Säugetieren wird *Harnstoff* über die Nieren ausgeschieden.

7 Energiegewinnung durch Stoffabbau (Dissimilation)

Für alle Lebensvorgänge braucht die Zelle Energie. Heterotrophe Lebewesen erhalten diese durch Umsetzung chemischer Verbindungen aus der Nahrung. Der biochemische Abbau eines energiereichen Stoffes zur Energiefreisetzung wird als Dissimilation bezeichnet.

7.1 Stoffabbau und Energiegewinnung mit Sauerstoff: Zellatmung

Die aerobe Energiegewinnung (Zellatmung) ist in drei Abschnitte gegliedert.

Glykolyse. Die Glykolyse läuft im Zellplasma ab. Ein Glukosemolekül wird in mehreren Schritten zu zwei Molekülen Brenztraubensäure zerlegt. Dabei entstehen zwei Moleküle ATP und zwei Moleküle $NADH^+ + H^+$ als Wasserstoff übertragende Reduktionsmittel. Brenztraubensäure und die anderen Säuren des Zellstoffwechsels liegen als Anionen vor.

Citronensäurezyklus. Der weitere Abbau der Brenztraubensäure findet in den Mitochondrien statt. In der Mitochondrien-Matrix reagiert Brenztraubensäure mit dem Coenzym A unter Abspaltung von Kohlenstoffdioxid (oxidative Decarboxylierung) zu der reaktionsfreudigen aktivierten Essigsäure, die auch als Acetyl-Coenzym A bezeichnet wird. Die aktivierte Essigsäure wird im sog. Citronensäurezyklus (Citratzyklus) zu Kohlenstoffdioxid und Wasser abgebaut. Dabei entsteht zum einen ATP, der eigentliche Energiegewinn aber sind Wasserstoffüberträger wie $NADH^+ + H^+$.

Atmungskette (Endoxidation). In der Atmungskette sind Elektronen übertragende Coenzyme als Redoxsysteme hintereinan-

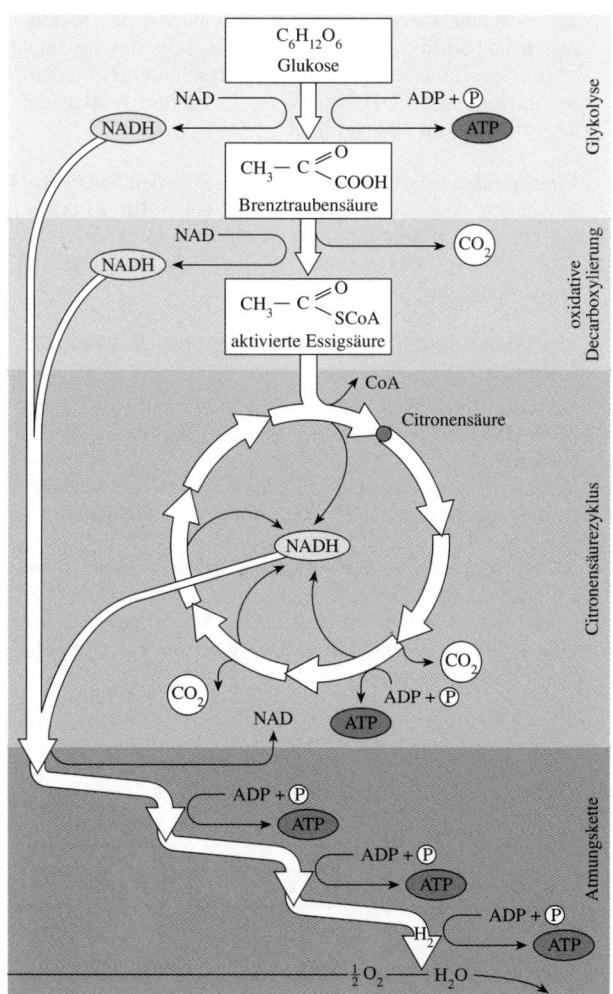

Aufbau von ATP durch Zellatmung

dergeschaltet. Die reduzierten Coenzyme wie das $NADH^+ + H^+$ geben die Elektronen über eine Redoxreihe weiter bis zum Sauerstoff. Das Sauerstoffion (O^{2-}) reagiert schließlich mit den Wasserstoffprotonen (2 H^+) zu Wasser. An drei Stellen der Atmungskette wird ATP gebildet.

Energiebilanz. Aus einem Mol Glukose werden 36–38 Mol ATP gewonnen, was einem Energiebetrag von 1 100 kJ entspricht. Da bei der Verbrennung von einem Mol Glukose insgesamt 2 880 kJ freigesetzt werden, entspricht der Wirkungsgrad der Zellatmung rund 38 %.

7.2 Stoffabbau und Energiegewinnung ohne Sauerstoff: Gärung

Der anaerobe Abbau von Kohlenhydraten wird als Gärung bezeichnet. Dabei entspricht der erste Teil der Gärung in etwa der Glykolyse.

◆ Bei der *alkoholischen Gärung* durch Hefepilze entsteht aus der Brenztraubensäure nach Abspaltung von Kohlenstoffdioxid Ethanol.

◆ Bei der *Milchsäuregärung* durch Milchsäurebakterien entsteht Milchsäure. Auch im stark beanspruchten Muskel kann bei Sauerstoffmangel die ATP-Bildung über Milchsäuregärung erfolgen. Die entstandene Milchsäure wird im gut durchbluteten Muskel rasch abgebaut.

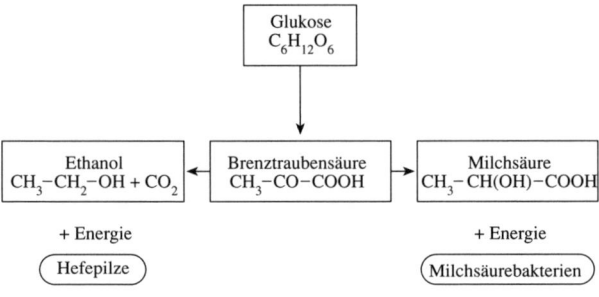

Alkoholische Gärung und Milchsäuregärung

8 Muskel und Bewegung

8.1 Bau der Skelettmuskulatur

Jeder Skelettmuskel ist von einer Muskelhaut umgeben, die an den Muskelenden in die Sehnen übergeht. Blutgefäße versorgen den Muskel mit Nährstoffen und Sauerstoff. Im Innern besteht der Muskel aus Tausenden von Faserbündeln, die jeweils rund 1 000 Muskelfasern enthalten. Jede Muskelfaser vereint Hunderte von Muskelfibrillen, die aus Eiweißfäden bestehen, den dünnen Aktinfilamenten und den dickeren Myosinfilamenten. Die Muskelfibrillen der Skelettmuskulatur sind aus gleichförmigen Bauteilen (Sarkomeren) zusammengesetzt, die durch zwei Z-Scheiben begrenzt sind.

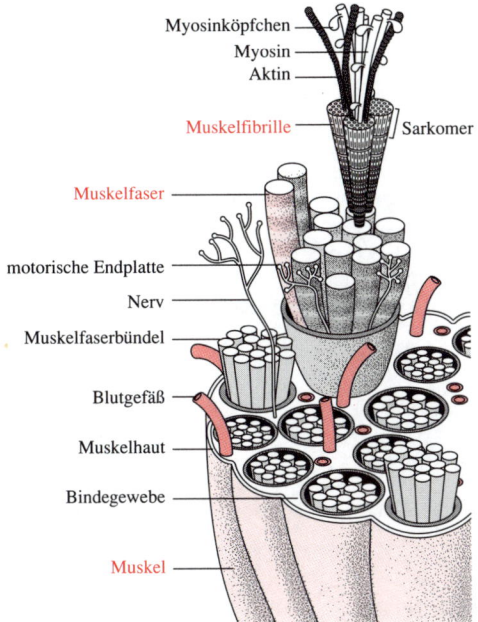

Myosinköpfchen
Myosin
Aktin
Muskelfibrille — Sarkomer
Muskelfaser
motorische Endplatte
Nerv
Muskelfaserbündel
Blutgefäß
Muskelhaut
Bindegewebe
Muskel

Bau des Skelettmuskels

8.2 Arbeitsweise der Muskeln

Gegenspieler. Muskeln können sich aktiv nur zusammenziehen, niemals strecken. Gedehnt werden sie stets von einem Gegenspieler (Antagonist), meist ist dies ein anderer Muskel. Zieht sich ein Muskel zusammen, ist sein Gegenspieler entspannt und wird passiv gedehnt.

Molekulare Vorgänge. Bei jeder Muskelkontraktion gehen Befehle an mehrere Muskelfasern gleichzeitig. In den motorischen Endplatten geben die Nervenfasern erregende Überträgerstoffe frei (Acetylcholin). Es erfolgt eine kurzfristige Verbindung zwischen Myosin- und Actinfilamenten. Dabei gleiten die Actinfilamente zwischen die Myosinfilamente und der Muskel verkürzt sich.

Die Kontraktion im Einzelnen. Myosin kann seine Form verändern, wenn ATP als Energielieferant zur Verfügung steht. Bei

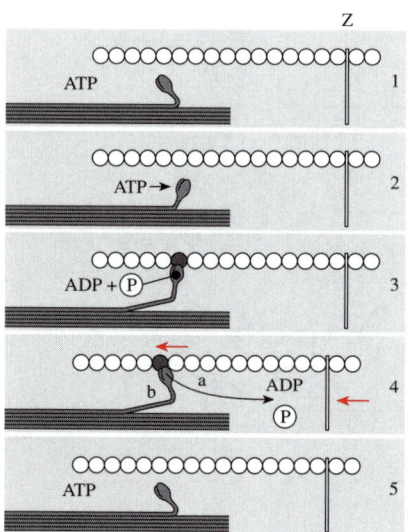

Gleitfilament-Modell der Muskelkontraktion

jedem Myosinmolekül ragen kleine Kopfteile aus einem Schaftteil heraus.

Lagert sich ATP an, richtet es sich zum rechten Winkel auf. Myosin wirkt wie ein Enzym und spaltet ATP, Energie wird frei. Das Myosin mit gebundenem ADP + P verbindet sich nun mit dem Actinfilament. ADP und P lösen sich, gleichzeitig kippt das Myosinköpfchen um und verschiebt das Actinfilament. Dann löst sich das Myosin vom Actin.

Der Vorgang wiederholt sich, das Sarkomer verkürzt sich. Die Gesamtheit aller Sarkomerverkürzungen ergeben die Kontraktion einer Muskelfaser.

8.3 Muskeltypen

Nach Bau und Funktion unterscheidet man glattes und quer gestreiftes Muskelgewebe.

- *Quer gestreiftes Muskelgewebe* findet man bei Skelettmuskeln und dem Herzmuskel. Skelettmuskeln erscheinen im Lichtmikroskop durch die Sarkomere quer gestreift. Sie sind unserem Willen unterworfen, arbeiten rasch und ermüden schnell. Herzmuskeln ermüden nicht und können über den Willen nicht beeinflusst werden.
- *Glatte Muskeln* umschließen Blutgefäße, Verdauungs- und Ausscheidungsorgane. Diese Eingeweidemuskeln arbeiten langsam, aber ausdauernd und sind willentlich nicht beeinflussbar.

 Alles klar?

- – Modellvorstellung zum Bau von Enzymen
- – Substrat- und Wirkungsspezifität von Enzymen
- – Wasser- und Mineralsalztransport bei Pflanzen
- – Reaktionsfolge bei der Fotosynthese
- – Energieversorgung, -speicherung und -bedarf des Körpers
- – Übersicht über den Energiestoffwechsel
- – Regulation des inneren Milieus bei Tieren durch Exkretion
- – Ernährung – Dissimilation – Muskelbewegung

Ökologie

Die Ökologie untersucht die Wechselbeziehungen der Lebewesen untereinander und zu ihrer Umwelt. Unter Umwelt versteht man alle äußeren Faktoren, die auf einen Organismus einwirken. Dabei werden die Einflüsse der unbelebten Umwelt (abiotische Faktoren) von den Einflüssen unterschieden, die von anderen Lebewesen ausgehen (biotischen Faktoren).

1 Ökofaktoren der unbelebten Umwelt

Zu den abiotischen Faktoren, die auf Lebewesen einwirken, zählen Temperatur, Licht, Wasser, Wind, Boden sowie andere physikalische und chemische Bedingungen.

1.1 Temperatur als ökologischer Faktor

Temperatur und Tierwelt

In Bezug auf ihren Wärmehaushalt unterscheidet man wechselwarme Organismen von gleichwarmen:

◆ Bei *wechselwarmen* (poikilothermen) Tieren wird die Körpertemperatur von der Umgebungstemperatur bestimmt. Zu den Wechselwarmen zählen alle Wirbellosen, Fische, Amphibien (Lurche) und Reptilien (Kriechtiere). Eidechsen u. a. wechselwarme Tiere versuchen sich in Bereichen ihrer Vorzugstemperatur aufzuhalten. Bei kühlem Wetter setzen sie sich so der Sonne aus, dass möglichst viele Strahlen ihren Körper aufheizen. Bei heißem Wetter meiden sie die Sonne, da eine zu starke Aufheizung den Hitzetod bewirken würde. Im Herbst suchen die Tiere möglichst frostfreie Bodenspalten auf und verfallen in Kältestarre. Strenger Frost bedeutet für sie jedoch den Kältetod.

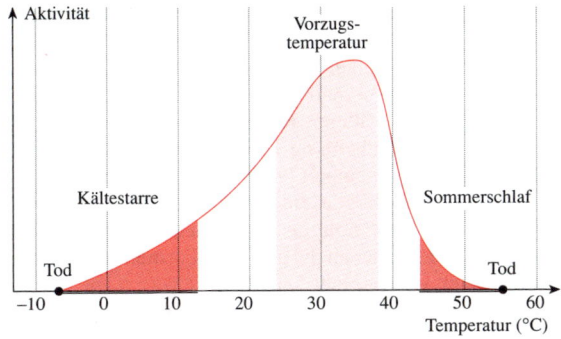

Aktivitätskurve einer Eidechse

♦ *Gleichwarme* (homoiotherme) Tiere sind Vögel und Säugetiere. Ihre Körpertemperatur wird durch ein Regulationszentrum im Gehirn gesteuert. Dadurch sind diese Tiere weitgehend unabhängig von den herrschenden Temperaturverhältnissen, verbunden ist hiermit jedoch ein hoher Energie- und Nahrungsbedarf. Durch isolierende Schichten wie ein dichtes Fell oder Federkleid sowie Speckschichten wird die Wärmeabgabe nach außen verringert.

Winterruhe und *Winterschlaf* sind energiesparende Verhaltensweisen einiger Säugetierarten. Tiere mit Winterruhe wie Dachs, Eichhörnchen und Braunbär legen lange Schlafperioden ein ohne die Körpertemperatur wesentlich abzusenken. Bei Tieren, die Winterschlaf halten wie z. B. Igel, Murmeltier und Fledermaus fällt die Körpertemperatur in dieser Zeit fast auf die Umgebungstemperatur ab. Dadurch verringert sich der Energieumsatz auf etwa ein Zehntel des Grundumsatzes.

Die **RGT-Regel** (Reaktionsgeschwindigkeits-Temperatur-Regel) drückt die Beziehung zwischen Temperatur und Lebensprozessen aus: Bei einer Temperaturerhöhung um 10 °C beschleunigen sich die Stoffwechselvorgänge um das Zwei- bis Dreifache.

Klimaregeln benennen die Beziehung zwischen Temperatur und Tiergestalt:

◆ Nach der BERGMANNschen Regel sind bei den gleichwarmen Vögeln und Säugern innerhalb eines Verwandtschaftskreises die Rassen und Arten in kälteren Klimaten größer als die in wärmeren Zonen. Die Erscheinung wird damit erklärt, dass größere Körper pro Volumeneinheit langsamer auskühlen als kleine. Der Selektionsvorteil liegt darin, dass pro Gewichtseinheit weniger Energieaufwand nötig ist. Beispiele: Pinguine, Tiger, Bären und Wölfe, bei denen die größeren Formen jeweils in den kalten Klimaten vorkommen.

◆ Die ALLENsche Regel besagt, dass Körperfortsätze wie Ohren, Schwanz und Beine bei gleichwarmen Tieren innerhalb eines Verwandtschaftkreises in wärmeren Klimaten größer sind. In kalten Klimaten bestünde die Gefahr des Abfrierens, umgekehrt können Tiere in warmen Zonen über große Körperanhänge überschüssige Körperwärme leichter an die Umgebung abführen. Beispiele: die Ohren von Fuchs-, Hasen- und Elefanten-Arten in unterschiedlichen Klimaten.

Temperatur und Pflanzenwelt

Auch für das Vorkommen von Pflanzen ist die Temperatur ein bestimmender ökologischer Faktor.

◆ *Höhenstufen* der Vegetation, wie sie in allen Hochgebirgen der Erde anzutreffen sind, gehen auf den Einfluss der Temperatur zurück. Mit zunehmender Höhe nimmt die Temperatur ebenso ab wie in der Ebene mit zunehmender nördlicher bzw. in der Südhalbkugel mit zunehmender südlicher Breitenlage. So folgen in den Alpen auf die Laub-und Mischwaldzone nach oben Nadelwald, Krummholzzone, Zwergstrauchheide, Polsterpflanzen sowie Moose und Flechten.

◆ Die Verteilung der Pflanzen auf die verschiedenen *Klimagürtel* wird ebenfalls von der Temperatur bestimmt. Tropische Pflanzen brauchen höhere Temperaturen zum Keimen als außertropische. Auch die Blütenbildung und das Reifen der Samen und Früchte erfordert je nach Art unterschiedliche Temperaturen.

1.2 Licht als ökologischer Faktor

Licht und autotrophe Pflanzen

Grüne Pflanzen sind auf Licht als Energiequelle für die Fotosynthese angewiesen.

* *Sonnenpflanzen* brauchen eine hohe Lichtintensität. Solche Arten gedeihen nur an unbeschatteten Standorten.
* *Halbschattenpflanzen* gedeihen bei vollem Sonnenlicht, können aber Schatten vertragen.
* *Schattenpflanzen* nutzen schwaches Sonnenlicht so gut aus, dass sie im Streulicht am besten gedeihen.
* *Langtagpflanzen* wie unsere einheimischen Getreidearten blühen nur, wenn die tägliche Belichtungsdauer deutlich mehr als zwölf Stunden beträgt.
* *Kurztagpflanzen* wie Mais, Hirse und Baumwolle gedeihen, wenn die tägliche Belichtungszeit unterhalb einer kritischen Größe liegt. Aus den Subtropen stammende Pflanzen wie Dahlien und Astern blühen in unseren Gärten daher erst im Herbst.

Licht und Tiere

Licht steuert zahlreiche Verhaltensweisen von Tieren wie den morgendlichen Beginn des Vogelgesangs oder das abendliche Schwärmen von Mücken. Es beeinflusst des Zugverhalten der Zugvögel ebenso wie das Laichverhalten von Bachforellen. Voraussetzung ist allerdings eine hormongesteuerte „innere Uhr", für die das Licht einen Taktgeber zur Synchronisation darstellt.

1.3 Wasser als ökologischer Faktor

Die Wasserverhältnisse eines Standortes beeinflussen die Gestalt der Pflanzen und der gesamten Vegetation.

* *Wasserpflanzen* (Hydrophyten) haben keinen Verdunstungsschutz und kaum ausgebildete Wurzeln.
* *Trockenpflanzen* (Xerophyten) wie Kakteen oder Hartlaubgewächse besitzen Einrichtungen zum Verdunstungsschutz wie sehr kleine oder ganz zu Dornen umgebildete Blätter, eine verdickte Cuticula, eingesenkte Spaltöffnungen oder eine mehrschichtige Epidermis. Ihr Wurzelsystem ist entweder weit verzweigt oder dringt besonders tief in den Boden ein.

◆ *Feuchtpflanzen* (Hygrophyten) haben Einrichtungen, die die Wasserabgabe erleichtern. Pflanzen des tropischen Regenwaldes besitzen meist eine große Blattfläche mit sehr dünner Cuticula und vielen Spaltöffnungen.

Auch bei Tieren unterscheidet man Trockenluft- und Feuchtlufttiere. Unter den Wassertieren spielt insbesondere bei Süßwassertieren die Osmoregulation eine wichtige Rolle.

1.4 Toleranzbereich

Ökologische Potenz. Die Fähigkeit einer Art, innerhalb eines bestimmten Bereiches bezüglich eines bestimmten Umweltfaktors zu gedeihen, bezeichnet man als ökologische Potenz. Dabei können neben den abiotischen Faktoren auch biotische Faktoren wie Nahrung wirksam sein. Den Bereich, in dem eine Art zwar noch überlebt, aber nicht mehr fortpflanzungsfähig ist, nennt man Pessimum, die äußersten, für eine bestimmte Zeit noch tolerierten Grenzwerte Maximum und Minimum. Sie begrenzen den Toleranzbereich der Art.

Der für ein Lebewesen günstigste Wert eines Umweltfaktors heißt Optimum. Im Optimum haben die meisten Individuen der Art die größte Überlebensquote und gedeihen am besten. Der

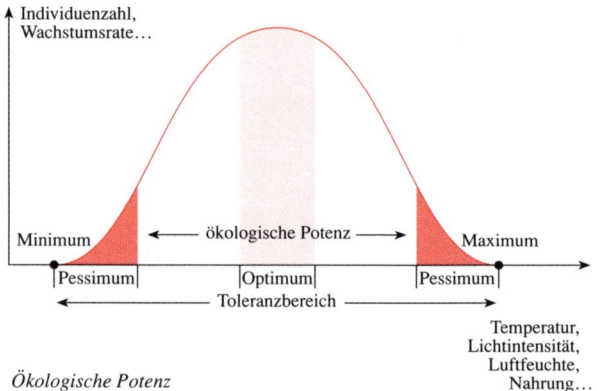

Ökologische Potenz

Optimalbereich ist erblich festgelegt und wird von Tieren aktiv aufgesucht.

◆ *Stenöke Arten* haben einen engen Toleranzbereich bezüglich eines oder mehrerer Umweltfaktoren und sind in ihrer Verbreitung beschränkt. Beispiele: Bachforelle, die an kühles Wasser gebunden ist (Temperatur), Koala, der nur Eukalyptusblätter frisst (Nahrung).

◆ *Euryöke Arten* haben einen große Toleranzbereich und sind oft weit verbreitet. Beispiele: Wollhandkrabbe, die die Salzkonzentration des Süß- und des Salzwassers verträgt (Salzgehalt im Wasser), Ratten und Schweine als Allesfresser (Nahrung).

Wirkungsgesetz der Umweltfaktoren. Die Häufigkeit einer Art wird in der Regel von dem Umweltfaktor begrenzt, der am weitesten vom Optimum entfernt ist, dem Minimumfaktor. In den Hitzewüsten der Erde würden Mineralsalzangebot und Temperatur ein gutes Pflanzenwachstum erlauben, begrenzend wirkt hier der Minimumfaktor Wasser.

Zeigerpflanzen. Das Vorkommen bestimmter Pflanzenarten lässt auf die Umweltbedingungen am Standort schließen. Kalkpflanzen wie Küchenschelle oder Leberblümchen wachsen nur auf Kalkböden. Salzpflanzen wie der Queller sind in der Lage, große Mengen Chloridionen in für sie unschädlicher Form zu speichern, und kommen an salzreichen Standorten wie z. B. Meeresküsten vor.

2 Beziehungen zwischen den Lebewesen

Zu den biotischen Umweltfaktoren zählen Nahrung, Räuber-Beute-Verhältnis, zwischenartliche und innerartliche Konkurrenz, Symbiose und Parasitismus. Biotische und abiotische Faktoren wirken in der Natur stets zusammen.

2.1 Konkurrenz und Einnischung

Innerartliche Konkurrenz herrscht zwischen Individuen einer Art im Wettbewerb um abiotische und biotische Faktoren wie Raum, Nahrung und Geschlechtspartner. Revierbildung und

Rangordnungsverhalten sind Möglichkeiten, innerartliche Konkurrenz zu regulieren.

Zwischenartliche Konkurrenz zwischen unterschiedlichen Arten ist umso größer, je ähnlicher die Ansprüche der beteiligten Arten an die Umwelt sind.

Das *Konkurrenzausschlussprinzip* besagt, dass zwei Arten mit genau den gleichen Ansprüchen an die Umwelt auf die Dauer nicht nebeneinander existieren können.

Zur Konkurrenzvermeidung haben verschiedene Arten spezielle Ansprüche an die Umwelt entwickelt. Die Gesamtheit aller spezifischen Umweltansprüche, die für das Überleben einer Art notwendig sind, werden als *ökologische Nische* dieser Art bezeichnet. Dabei beschreibt dieser Begriff keinen Raum, sondern das System von Wechselbeziehungen zwischen Organismus und Umwelt. Die *Einnischung* einer Art beruht z. B. auf einer spezifischen Ernährungsweise, auf jahreszeitlich typischen Aktivitätsmustern, auf bestimmten Klimaansprüchen oder auf einem kennzeichnenden Brutverhalten.

2.2 Parasitismus

Als Parasitismus oder Schmarotzertum bezeichnet man die Beziehung zwischen unterschiedlichen Arten, von denen die eine Art, Parasit genannt, die als Wirt bezeichnete andere Art schädigt, ohne sie zu töten. Meist ist der Parasit auf eine oder wenige Wirtsarten spezialisiert (Wirtsspezifität). Parasitismus gibt es bei nahezu allen Organismengruppen.

◆ Man unterscheidet zwischen *Außenparasiten* (z. B. Läuse und Flöhe) und *Innenparasiten* (z. B. Bandwürmer und Viren). Blut saugende Wanzen und Stechmücken sind zeitweilige (temporäre) Parasiten, Trichinen und Malariaerreger sind ständige (permanente) Parasiten.

◆ Eine besondere Form des Parasitismus ist der *Brutparasitismus* bei Kuckucksvögeln.

◆ Pflanzliche *Vollparasiten* wie Kleeseide und Schuppenwurz leben ausschließlich von organischer Substanz, die sie den Wirtspflanzen entziehen.

◆ *Halbparasiten* wie die Mistel betreiben selbst Fotosynthese und entziehen ihrem Wirt lediglich Wasser und Mineralsalze.

- Greifen heterotrophe Bakterien und Pilze lebende Organismen an, spricht man von Parasiten, greifen sie tote organische Substanz an, werden sie als *Saprophyten* (Fäulnisbewohner) bezeichnet.

2.3 Symbiose

Ein Zusammenleben artverschiedener Lebewesen, bei dem beide Partner einen Vorteil erzielen, nennt man Symbiose. Die beiden Partner sind die Symbionten.

- Bei der Putzersymbiose zwischen dem Vogel Madenhacker und Huftieren liegt eine lockere Beziehung vor.
- Besonders eng ist die symbiontische Beziehung bei den Flechten zwischen Pilz und Alge. Die gegenseitige Abhängigkeit ist bei Flechten so stark, dass zwar beide Symbionten sich getrennt kultivieren lassen, bei Vereinigung aber ein völlig neues Lebewesen mit eigener Gestalt und spezifischen Flechtenstoffen bilden.

2.4 Wachstum und Entwicklung von Populationen

Alle Individuen einer Art in einem begrenzten Lebensraum nennt man eine Population. Die Populationsökologie (Demökologie) befasst sich insbesondere mit der Frage, warum Populationen sich nicht unbegrenzt vermehren, sondern langfristig stabil bleiben.

Das *Wachstum von Populationen* ist bedingt durch dichteunabhängige Einflüsse wie klimatische Bedingungen und Naturkatastrophen sowie durch dichteabhängige Einflüsse wie Vermehrungsrate, Krankheiten, Fressfeinde und Nahrungsangebot. Solange keiner dieser Faktoren ins Minimum gerät, ist das Wachstum einer Population mathematisch beschreibbar.

Das Wachstum einer Bakterienpopulation auf einem Kulturmedium zeigt einen typischen Verlauf: Nach einer *Anlaufphase,* in der die Zahl der Zellteilungen noch klein ist, folgt eine *Vermehrungsphase* mit exponentiellem Wachstum. In einer *stationären Phase* halten sich die neu entwickelnden und die absterbenden Bakterien die Waage, bevor in der *Absterbephase* mehr Zellen zugrunde gehen als neu gebildet werden.

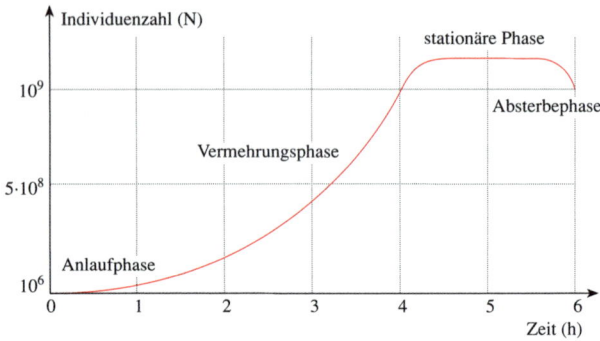

Wachstum einer Bakterienpopulation

Freilandbeobachtungen zeigen, dass die Populationsdichte oft starken Schwankungen unterworfen ist. Man spricht von *Massenwechsel der Population.*

Immer gilt, dass ein unbegrenztes Wachstum nicht möglich ist. Die Gesamtheit aller wachstumsbegrenzenden Faktoren bestimmt die *Umweltkapazität* (K-Wert). Nur solange zwischen der Individuenzahl N der Population und dem K-Wert des Lebensraums noch eine Differenz besteht, ist ein Populationswachstum möglich.

Das *Wachstum der Weltbevölkerung* zeigt einen exponentiellen Verlauf. Über den K-Wert der Erde lassen sich keine exakten Angaben machen. Die einen gehen davon aus, dass er beim gegenwärtigen Stand von etwa sechs Milliarden Menschen bereits überschritten ist, andere setzen den K-Wert höher an und gehen von einem Wert über zehn Milliarden aus. Nachdem seit Jahren das Bevölkerungswachstum in den Industriestaaten rückläufig ist, beginnt sich nun auch in einigen Entwicklungsländern das dort noch anhaltende Bevölkerungswachstum allmählich zu verlangsamen.

Fortpflanzungsstrategien. Zwei prinzipiell unterschiedliche Strategien zur Vermehrung der Art lassen sich unterscheiden:

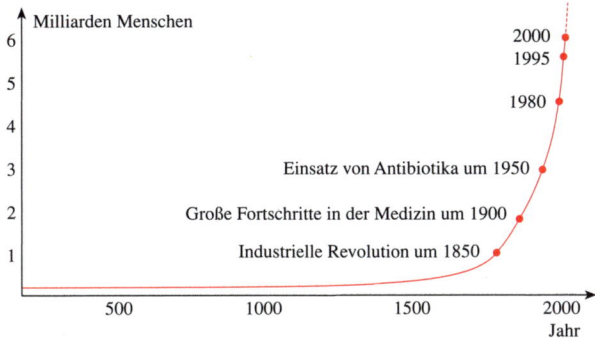

Wachstumskurve der Weltbevölkerung

◆ Die sog. *r-Strategen* sind Arten, die sich rasch vermehren, eine hohe Nachkommenzahl haben und einen freien Raum in kurzer Zeit besiedeln können. Ihre Populationsdichte schwankt stark. Auf günstige Jahre mit hohem Zuwachs folgen Jahre mit großer Sterblichkeit. Das r steht für Rate (Fortpflanzungsrate). Beispiele: Feldmäuse, Kaninchen und Blattläuse. Lebensräume mit stark schwankenden Umweltbedingungen wie Savannen und Steppen sind typisch für r-Strategen.

◆ Bei den *K-Strategen* liegt die Zahl der Individuen recht konstant nahe beim K-Wert des Lebensraumes. Bei ihnen ist weniger die geringe Vermehrungsrate entscheidend als vielmehr die hohe Lebenserwartung. Das K steht für Kapazität des Lebensraumes. Beispiele: Wale, Elefanten und Menschenaffen. K-Strategien sind kennzeichnend für Lebensräume mit konstanten Bedingungen wie Meer und tropischer Regenwald.

Regulation der Populationsdichte erfolgt über innerartliche Konkurrenz um Raum und Nahrung sowie über zwischenartliche Räuber-Beute-Beziehungen. Die Bestandsschwankungen des Beutegreifers Luchs und seiner Beute Schneehase verdeutlichen die Abhängigkeiten zwischen Räuber und Beute.
Ernährt sich eine Art von einer anderen, so ergeben sich für Räu-

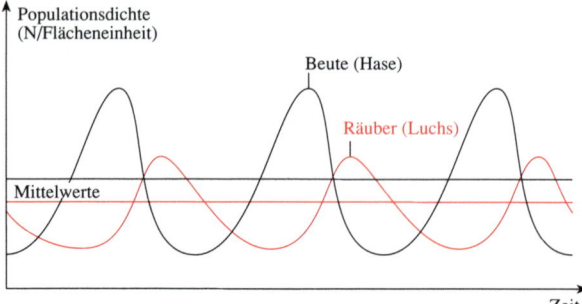

Populationsschwankungen bei Schneehase und Luchs (idealisiert)

ber und Beute gegeneinander verschobene Häufigkeitskurven. Die Häufigkeit (Individuenzahl) sowohl des Räubers wie die der Beute schwankt um einen Mittelwert, der bei der Beuteart höher liegt. Die gegenseitige Abhängigkeit führt zu einem längerfristig stabilen Gleichgewichtszustand, dem *biologischen Gleichgewicht*.

Die Beziehung – je mehr Hasen, desto mehr Luchse und schließlich wieder weniger Hasen mit anschließendem Rückgang der Luchse – beruht nicht ausschließlich auf der Räuber-Beute-Beziehung. Vielmehr haben auch andere Einflüsse wie Krankheiten und Witterung eine unberechenbare, aber entscheidende Bedeutung.

Schutzmechanismen. Tiere und Pflanzen haben zahlreiche Abwehrmechanismen wie Tarnung, Gifte und passive Schutzeinrichtungen wie Dornen oder Panzerung entwickelt.

- ◆ Bei *Mimese* tarnen sich Lebewesen dadurch, dass sie in Form und Farbe andere Objekte ihrer Umwelt (Blätter, Rinde …) nachahmen.
- ◆ Bei *Mimikry* ahmen eher wehrlose Tierarten eine andere wehrhafte Art nach, um von ihren Fressfeinden gemieden zu werden. So ahmt bei der Wespenmimikry die harmlose Schwebfliege mit einer Schwarz-Gelb-Bänderung die wehrhafte Wespe nach.

3 Ökosysteme

Alle Organismen eines Lebensraumes bilden eine Lebensgemeinschaft und stehen untereinander in Wechselbeziehungen. Lebensraum (Biotop) und Lebensgemeinschaft (Biozönose) bilden eine Einheit, die man als Ökosystem bezeichnet.
Die Synökologie untersucht die Beziehungen, Regulationsvorgänge, Stoffkreisläufe und Energieflüsse innerhalb eines Ökosystems sowie dessen Struktur und Veränderung.

3.1 Lebensbereiche der Biosphäre

Alle Ökosysteme unserer Erde bilden die Biosphäre. Drei große Lebensbereiche werden unterschieden: Meeres-, Süßwasser- und Landökosysteme. Diese großen Systeme lassen sich wie-

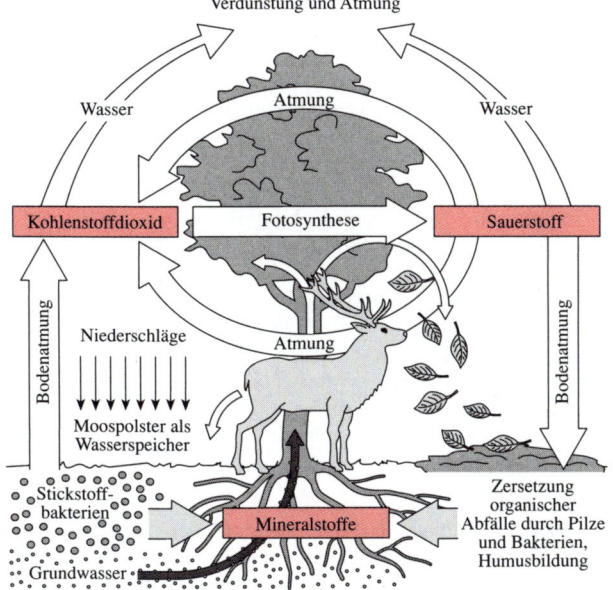

Beispiel: Ökosystem Wald

derum in kleinere Ökosysteme untergliedern (Tiefsee, Riffe, Wattenmeer ..., Tümpel, Teich, Bergbach ..., Steppe, Halbwüste, Laubmischwald ...).

Ökosysteme können also sehr groß sein wie z. B. der tropische Regenwald oder sehr klein wie z. B. eine Trockenmauer. Je vielgestaltiger ein Ökosystem ist, desto mehr ökologische Nischen bietet es und desto stabiler ist es gegenüber Störungen des biologischen Gleichgewichts.

3.2 Nahrungsbeziehungen in Ökosystemen

Grüne Pflanzen bauen organische Verbindungen aus anorganischen Stoffen auf. Sie sind autotroph. Im Ökosystem sind sie die *Produzenten* oder Erzeuger. Die von ihnen gebildeten Stoffe dienen den übrigen, heterotrophen Lebewesen als Nahrung. Alle heterotrophen Lebewesen, die sich direkt oder indirekt von der durch die Produzenten erzeugten organischen Materie ernähren, sind *Konsumenten* oder Verbraucher. Dabei unterscheidet man zwischen den Pflanzenfressern als Primärkonsumenten und den Fleischfressern als Sekundärkonsumenten.

Lebewesen, die am Abbau toter organischer Substanz beteiligt sind, nennt man *Destruenten* oder Zersetzer. Im Wesentlichen handelt es dabei um Bakterien und Pilze.

In unterschiedlich langen *Nahrungsketten* werden die von den Pflanzen aufgebauten Stoffe in tierische Nährstoffe überführt.

Produzenten	Konsumenten			
	1. Ordnung	2. Ordnung	3. Ordnung	4. Ordnung
grüne Pflanze $\longrightarrow$	Pflanzen-fresser $\longrightarrow$	Fleisch-fresser (F)1 $\gg$ F2	$\longrightarrow$ F3	
pflanzl. Plankton $\longrightarrow$	Krill $\longrightarrow$	Pinguin $\longrightarrow$	Robbe $\longrightarrow$	Schwertwal

Nahrungskette

Pflanzliches Plankton (Phytoplankton) dient aber auch Fischen als Nahrung und auch Pinguine fressen Fische, sodass eine Nahrungskette nur einen Ausschnitt eines komplexen *Nahrungsnetzes* darstellt.

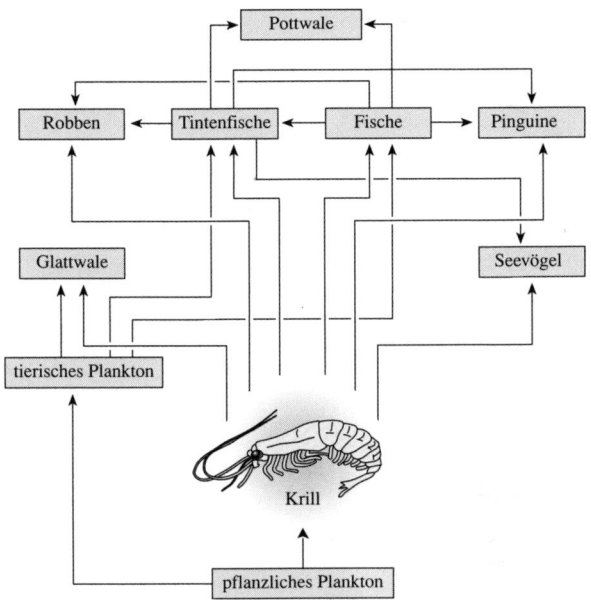

Nahrungsnetz des Krills (Ausschnitt)

3.3 Stoffkreislauf und Energiefluss im Ökosystem

Der Kreislauf des Kohlenstoffs. Anorganisches Kohlenstoffdioxid wird bei der Fotosynthese und Chemosynthese in organische Materie eingebaut und durch Zellatmung und Gärung wieder als Kohlenstoffdioxid freigesetzt.

Der Stickstoffkreislauf. Pflanzen bauen anorganische Nitrationen aus dem Boden in organische Verbindungen (Eiweiß und Nukleinsäuren) ein. Über die Nahrungkette werden diese an Tiere weitergegeben. Beim Abbau der Eiweißverbindungen im tierischen Organismus wird Ammoniak frei. Bakterien bauen es über die Zwischenstufe Nitrit zu Nitrat um. Nitrat kann von den Pflanzen wiederum aufgenommen werden.

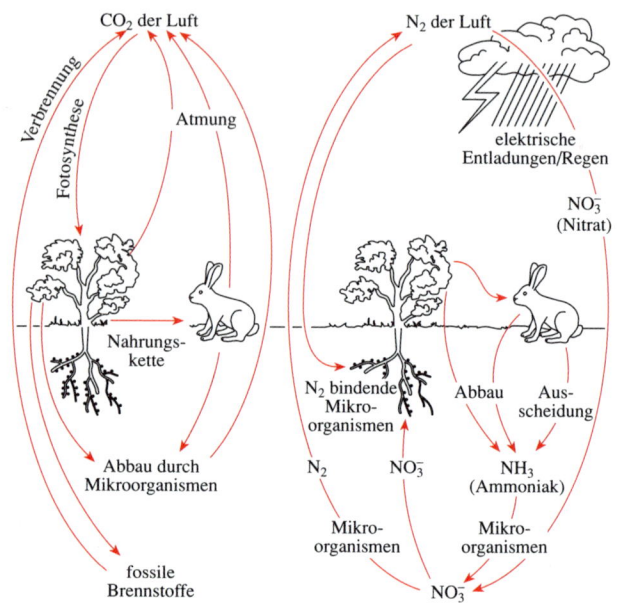

Kohlenstoff- und Stickstoffkreislauf

Symbiontische Knöllchenbakterien in den Wurzeln von Hülsenfrüchtlern wie Rotklee, Lupine und Luzerne können auch den molekularen Stickstoff aus der Luft aufnehmen und in organische Verbindungen einbauen. Der Boden wird so mit verwertbaren Stickstoffverbindungen angereichert.

Stoffkreisläufe über Produzenten, Konsumenten und Destruenten lassen sich auch beim Wasser, Sauerstoff und anderen Substanzen verfolgen. Meist sind sie innerhalb eines Ökosystems in sich geschlossen. Durch Wassertransport, Tierwanderungen und globale Luftbewegungen kommt es aber schließlich doch zu einem Stoffaustausch zwischen den verschiedenen Ökosystemen der Biosphäre. Man spricht von offenen Ökosystemen.

Energiefluss. Der Energiefluss, der von der Sonne ausgeht, treibt die Stoffkreisläufe im Ökosystem an. Bei allen Umwandlungsprozessen kommt es zu Verlusten an verwertbarer Energie. Letztlich wird die eingestrahlte Sonnenenergie als Wärme wieder ins Weltall abgestrahlt.

Während die Materie im Ökosystem einem Kreislaufprozess unterworfen ist, strömt die Energie gerichtet in einer Einbahnstraße. Lichtenergie fließt der Fotosynthese zu, Wärmeenergie fließt aus dem System ab.

Beim Durchlaufen der Nahrungsketten verringert sich der Energiegehalt der Biomasse bei jedem Übergang von einer Nahrungsebene zur nächsten auf etwa ein Zehntel des vorherigen Wertes.

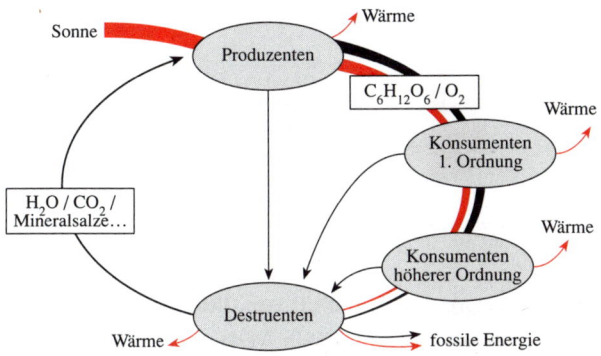

Kreislauf der Stoffe (schwarz) und Einbahnstraße der Energie (rot)

Produktionsökologie. Die Ernährungsbeziehungen im Ökosystem lassen sich in Form von *Nahrungspyramiden* darstellen. Je nachdem, ob die Individuenzahl, die Biomasse oder der Energiegehalt berücksichtigt wird, erhält man eine Zahlen-, eine Biomassen- oder eine Produktivitätspyramide. (↗ Abbildung S. 76). Immer aber gilt, dass jedes zusätzliche Glied in der Nahrungspyramide Energieverlust für das Ökosystem bedeutet.

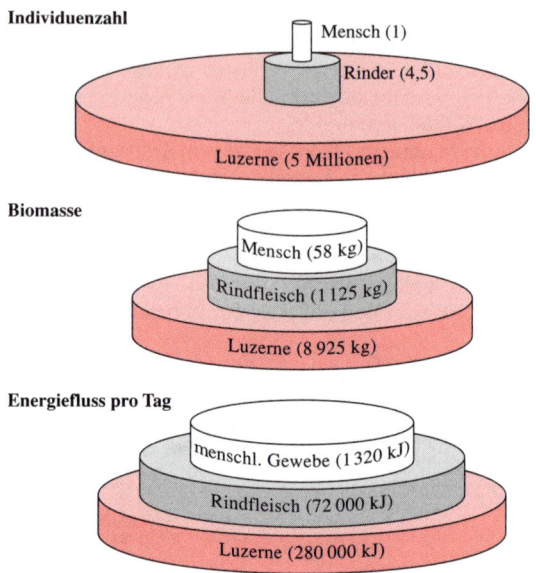

Individuenzahl

Mensch (1)

Rinder (4,5)

Luzerne (5 Millionen)

Biomasse

Mensch (58 kg)

Rindfleisch (1 125 kg)

Luzerne (8 925 kg)

Energiefluss pro Tag

menschl. Gewebe (1 320 kJ)

Rindfleisch (72 000 kJ)

Luzerne (280 000 kJ)

Nahrungspyramiden bei der Rindfleischproduktion

3.4 Veränderung und Stabilität von Ökosystemen

Ökosysteme verändern sich im Verlauf langer Zeiträume. Auf einem Kahlschlag wächst auch ohne Einfluss des Menschen wieder ein Wald heran. Im feuchtgemäßigten Klima Mitteleuropas verlanden nährstoffreiche Flachseen allmählich. Es entsteht schließlich ein Flachmoor mit Bruchwald, aus dem sich ein Laubmischwald als stabiler Endzustand entwickeln kann, in niederschlagsreicheren Gebieten ein Hochmoor. Diese Veränderungen der Zusammensetzungen der Pflanzen- und Tiergesellschaften im Ökosystem nennt man *Sukzession,* den stabilen Endzustand das *End-* oder *Klimaxstadium.*

Veränderungen innerhalb eines Ökosystems sind auch durch die Jahreszeit bedingt. So blühen im Frühjahr am Boden des noch unbelaubten Buchenwaldes Licht liebende Buschwindröschen und andere Frühblüher, während im Sommer Schattenpflanzen wie Sauerklee und Farne das wenige Licht nutzen, das noch durch das Laubdach fällt. Das Erscheinungsbild eines Ökosystems zu einer bestimmten Jahreszeit nennt man *Aspekt,* die zeitliche Ablösung der verschiedenen Erscheinungsbilder *Aspektfolge.*

4 Mensch und Umwelt

4.1 Weltbevölkerung und Ernährung

Heute leben rund sechs Milliarden Menschen auf der Erde. Jedes Jahr wächst die Menschheit um etwa 95 Millionen. In vielen Entwicklungsländern ist die Ernährung der rasch wachsenden Bevölkerung nicht mehr gesichert. Rund 500 Millionen Menschen hungern. Trotz gewaltiger Steigerung der Nahrungsmittelproduktion wird die Versorgung aufgrund des Bevölkerungswachstums kaum besser.

4.2 Umweltbelastung

Der Mensch verändert die Umwelt in seinem Sinne. Neben Chancen birgt dies aber auch Gefahren. Viele menschliche Eingriffe gefährden Luft, Boden, Gewässer und Wald.
Durch Intensivlandwirtschaft, Müllverbrennung und Mülldeponien, Industrie und Verkehr werden *Giftstoffe* freigesetzt, die über die Nahrungsketten aufgenommen werden.
Aus der Nutzung fossiler Energieträger wie Erdöl und Kohle stammt der größte Teil der *Luftschadstoffe.* Das bei der Verbrennung frei werdende Schwefeldioxid gehört zu den Hauptursachen des Waldsterbens, das Kohlenstoffdioxid kann durch den Treibhauseffekt wesentlich zu einer möglichen Klimaveränderung beitragen.
Luftschadstoffe begünstigen die Bildung von bodennahem *Ozon,* einem Sauerstoffmolekül aus drei Sauerstoffatomen (O_3). Ozon bewirkt eine Reizung der Augen und der Atemwege. Zugleich führen von Menschen produzierte Gase wie Fluorchlorkohlenwasserstoffe (FCKW) oder Distickstoffoxid aus überdüngtem Boden zu einer Schädigung der Ozonschicht (Ozon-

loch) in 15–35 km Höhe. Dieser Bereich der Atmosphäre ist mit Ozon angereichert, das die lebensfeindliche UV-Strahlung aus dem Weltall größtenteils zurückhält.

Der *Boden* ist als landwirtschaftliche Nutzfläche die Grundlage unserer Ernährung. Durch Verbauung und Abtragung ist er zunehmend gefährdet.

Trinkwasser ist unser wichtigstes Lebensmittel. Ein steigender Wasserverbrauch zwingt zu verantwortungsvollem Umgang. Noch gefährden zahlreiche Schadstoffe Grund- und Oberflächenwasser, aus dem Trinkwasser gewonnen wird.

4.3 Artenschwund

Täglich gehen auf der Erde zahlreiche Arten unwiederbringlich verloren. So ist der tropische Regenwald, der als Klimaregulator und als Reservoir zahlreicher Pflanzen- und Tierarten für die Menschheit unentbehrlich ist, durch Ackerbau, Viehzucht und Abholzung bedroht. Auch die Ausbeutung der Weltmeere durch industriemäßigen Fischfang trägt zum Artenschwund bei.

4.4 Die ökologische Verantwortung des Menschen

Zahlreiche Industrie- und Entwicklungsländer haben sich in mehreren internationalen Umweltkonferenzen verpflichtet, künftigen Generationen eine lebenswerte Umwelt zu erhalten. In weiten Teilen der Erde ist ein kritisches Umweltbewusstsein entstanden. Politiker, Wissenschaftler und Umweltschützer diskutieren, wie eine Zerstörung der Biosphäre verhindert werden kann.

Alles klar?

- Der Einfluss abiotischer und biotischer Umweltfaktoren auf die verschiedenen Lebewesen
- Zwischen- und innerartliche Beziehungen von Lebewesen
- Gesetzmäßigkeiten des Wachstums und der Regulation von Populationen
- Beispiele für Ökosysteme und deren Beziehungsgefüge
- Stoffliche und energetische Prozesse in Ökosystemen
- Veränderungen und Stabilität von Ökosystemen

Entwicklungsbiologie

Die Entwicklung eines Lebewesens bezeichnet man als Individualentwicklung (Ontogenese). Nach Wachstum und Differenzierung steht aufgrund der begrenzten Lebensdauer aller Lebewesen am Ende der Tod. Fortpflanzung zur Erhaltung der Art ist somit eine Voraussetzung und ein Kennzeichen des Lebens. Die Entwicklungsgeschichte untersucht und beschreibt die Ontogenese der Lebewesen, die Entwicklungsphysiologie fragt nach den Ursachen der Entwicklungsprozesse.

1 Fortpflanzung

Man unterscheidet zwischen ungeschlechtlicher (vegetativer) und geschlechtlicher (sexueller) Vermehrung. Bei der ungeschlechtlichen Fortpflanzung entwickeln sich aus Körperzellen des mütterlichen Organismus durch Mitosen neue Individuen. Bei der geschlechtlichen Fortpflanzung entsteht aus genetisch unterschiedlichen Gameten eine neue, einmalige genetische Einheit, die Zygote. Diese Zygoten sind durch ihre veränderte Erbausstattung in der Lage, sich neuen Umweltbedingungen anzupassen.

1.1 Ungeschlechtliche Fortpflanzung

Einfache Zweiteilung. Einzeller vermehren sich meist durch Zweiteilung. Die Erbinformation wurde wie bei einer Mitose zuvor verdoppelt und auf die beiden Tochterindividuen identisch verteilt.

Klonbildung. Bei einigen Vielzellern wachsen gelegentlich bestimmte Teile des Körpers aus und bilden einen vollständigen neuen Organismus. Es werden keine besonderen Fortpflanzungszellen ausgebildet, ein Geschlechtspartner ist nicht nötig. Diese Nachkommen sind mit dem Elter völlig identisch. Solche Gruppen erbgleicher Nachkommen nennt man Klone. Beispiele sind die Sprossknollen der Kartoffel, die Stecklinge von Begonien und die Ausläufer der Erdbeere.

Parthenogenese (Jungfernzeugung) ist eine eingeschlechtliche Form der Fortpflanzung. Unbefruchtete Eizellen bilden lebensfähige Nachkommen. Beispiele sind die diploiden Sommerformen der Blattläuse. Bei Bienen entwickeln sich die männlichen Drohnen aus haploiden Eizellen der Königin.

1.2 Geschlechtliche Fortpflanzung

Bei der geschlechtlichen Fortpflanzung verschmelzen männliche und weibliche Keimzelle (Gameten) miteinander. Die Keimzellen sind haploid, ihr Chromosomensatz wurde während der Meiose auf die Hälfte reduziert. Die befruchtete Eizelle (Zygote) besitzt wieder den diploiden (doppelten) Satz des genetischen Materials. In der Neukombination des Erbguts liegt der Vorteil der geschlechtlichen (sexuellen) Fortpflanzung.

Keimzellen. Bei *Tier* und *Mensch* entstehen die Eizellen in den weiblichen Eierstöcken (Ovarien), die Spermazellen in den männlichen Hoden.

Die beweglichen *Spermazellen* bestehen aus Kopfteil, Mittelstück und Schwanzteil. Der Kopfteil enthält die genetische Information, das Mittelstück die Zentriolen für den Spindelapparat sowie Mitochondrien, die die Energie zur Bewegung des Schwanzteils bereitstellen. Am Vorderende des Kopfteils liegt das Akrosom mit Enzymen für das Eindringen in die Eizelle.

Die unbewegliche *Eizelle* enthält neben der Erbinformation reichlich Zellplasma mit Nährstoffen für die Keimesentwicklung. Säugetiere, bei denen die Keimesentwicklung im Mutterleib stattfindet, haben dotterarme Eizellen, Eier legende Tiere wie Insekten, Reptilien und Vögel haben dotterreiche Eier.

Bei den *Samenpflanzen* entstehen in den Staubblättern die männlichen Pollen, die sich zu Spermazellen entwickeln. Die Eizelle liegt auf dem Fruchtblatt in der Samenanlage.

Besamung und Befruchtung. Die Eizelle lockt die Spermazellen mit Befruchtungsstoffen an. An der Berührungsstelle von Ei- und Samenzelle entsteht der Befruchtungshügel, an dem Kopf- und Mittelstück der Spermazelle in das Eizellplasma eindringen (Besamung). Um die Eizelle herum bildet sich die Befruchtungsmembran, die das Eindringen weiterer Spermazellen verhindert. Männlicher und weiblicher Zellkern verschmelzen nun zum Zygotenkern. Die Befruchtung ist vollzogen. Meist schließt sich unmittelbar an die Befruchtung die erste mitotische Zellteilung an.

1.3 Generationswechsel

Bei *Sporenpflanzen* wie Farnen und Moosen wechseln sich geschlechtliche und ungeschlechtliche Vermehrung regelmäßig ab. Man spricht von einem Generationswechsel. Auch bei den *Hohltieren* gibt es einen Generationswechsel zwischen der Geschlechtsgeneration der Quallen und der ungeschlechtlichen Polypen-Generation.

2 Keimesentwicklung bei Vielzellern

2.1 Entwicklung bei Tier und Mensch

Die Embryonalentwicklung beginnt mit der Befruchtung. Aus der befruchteten Eizelle (Zygote) entsteht durch zahlreiche Zellteilungen ein vielzelliges Lebewesen. Vier Schritte sind im Verlauf der Entwicklung zu unterscheiden:

- ◆ Zunächst teilt sich die Zygote in eine Vielzahl von Zellen. In dieser *Furchungsphase* wird die Zygote über den Maulbeerkeim (Morula) in einen Blasenkeim (Blastula) verwandelt. Man unterscheidet verschiedene *Furchungstypen*. Der Eidotter hat erheblichen Einfluss auf die Art des Furchungsverlaufes. Bei dotterarmen Eizellen kommt es anfangs zu einer totalen Furchung, bei dotterreichen Eiern wird die Dottersubstanz nicht mit in den Furchungsprozess einbezogen. Das Eiplasma schwimmt hier als Keimscheibe auf dem Dotter.
- ◆ In der anschließenden *Gastrulation* entsteht der aus zwei Keimblättern bestehende Becherkeim (Gastrula) mit einem äußeren

Ektoderm und einem inneren Entoderm. Bei höher entwickelten Tieren wird schließlich als drittes Keimblatt das Mesoderm gebildet.

◆ Als dritte Phase erfolgt die *Organogenese,* in der die Keimblätter die Ausgangspunkte für die Anlage der verschiedenen Organe bilden. Bei Wirbeltieren findet jetzt auch die *Neurulation* statt. Rückenwärts (dorsal) wölbt sich das Ektoderm in Längsrichtung ein und bildet die Neuralrinne, die sich zum Neuralrohr schließt. Hieraus entwickelt sich durch weitere Differenzierung das Nervensystem. Der über dem Urdarm liegende Mesodermabschnitt entwickelt sich zu einem längs verlaufenden Stützelement, der Chorda dorsalis.

Keimblatt	Organ
Ektoderm	Oberhaut mit Drüsen und Anhangsgebilden wie Nägel;
	Anfang und Ende des Darmkanals mit Drüsen; Nervensystem und Sinneszellen
Entoderm	Mitteldarmepithel mit Drüsen, Leber, Bauchspeicheldrüse;
	Schwimmblase, Lunge, Kiemen, Schilddrüse
Mesoderm	Innenskelett, Muskeln, Bindegewebe; Blut, Lymphe und entsprechende Gefäße; Ausscheidungs- und Geschlechtsorgane; Chorda dorsalis

Entwicklung der Organe aus den Keimblättern

◆ Während der dann einsetzenden *Gewebedifferenzierung* der Organe kommt es zur Gestaltbildung.

Bei Amphibien lassen sich die einzelnen Entwicklungsschritte besonders deutlich verfolgen. (↗ Abbildung S. 83)
Bei Tieren mit direkter Entwicklung wie den Säugetieren gleichen die Jugendstadien in Gestalt und Lebensweise den Erwachsenen.
Tiere mit einer indirekten Entwicklung wie Lurche und Insekten durchlaufen ein *Larvenstadium.* Erst durch einen Gestaltswandel während der *Metamorphose* wird das Erwachsenenstadium erreicht.

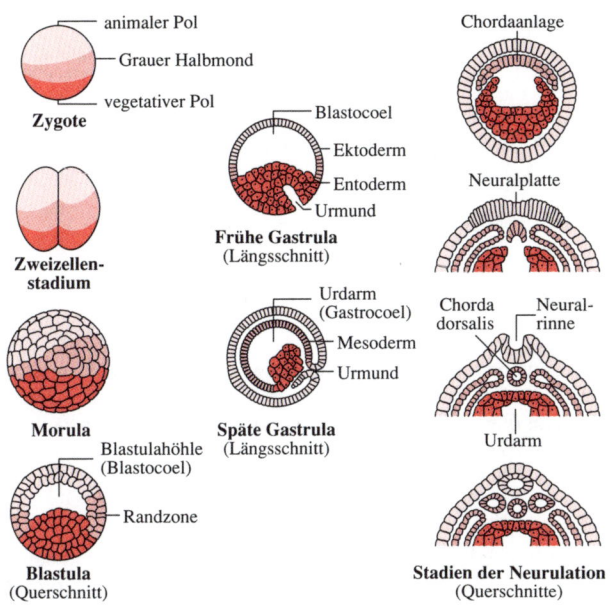

Embryonalentwicklung bei Amphibien

2.2 Keimesentwicklung bei Pflanzen

Bei Pflanzen wird die Eizelle in der Samenanlage durch einen Spermakern des Pollens befruchtet. Aus der Zygote entwickelt sich der Embryo. An einem Pol des Embryos entsteht die Keimwurzel, am entgegengesetzten Pol entsteht bei einkeimblättrigen Pflanzen ein Keimblatt, bei zweikeimblättrigen entstehen zwei Keimblätter. Dazwischen liegt die Keimachse, aus der später der übrige Spross wird. Nach Speicherung der nötigen Nährstoffreserven wird eine feste Schale ausgebildet. Der Samen ist also eine ruhende Keimpflanze mit Nährgeweben und fester Schale. Bei vielen Pflanzen bildet sich um den Samen herum eine Frucht, die der Samenverbreitung dient.

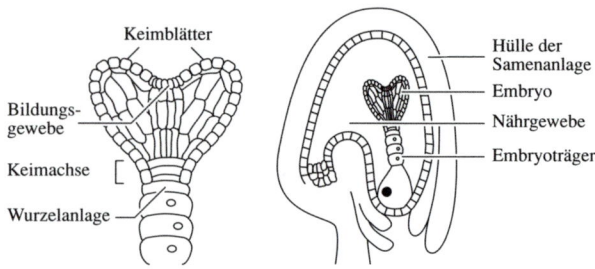

Embryonalentwicklung einer zweikeimblättrigen Pflanze

Bei entsprechenden Umweltbedingungen wie z. B. ausreichend Wasser und Wärme kommt es zur *Samenkeimung*. Die Samenschale platzt auf, eine Keimwurzel kommt zum Vorschein und wenig später die Keimblätter.

3 Innere und äußere Faktoren der Entwicklungsvorgänge

Äußere Bedingungen (Temperatur, Licht, Wasser und Jahreszeit) beeinflussen die Entwicklung ebenso wie die Erbinformation, Hormone und andere Stoffe sowie gegenseitige Beeinflussung der Keimteile als innere Faktoren.

3.1 Die Bedeutung des Eiplasmas

Bei *Mosaikeiern* steuern im Eiplasma vorhandene Stoffe die Keimentwicklung nach einem streng festgelegten Programm. Aus bestimmten Plasmabezirken entwickeln sich bestimmte Organanlagen. Der Keim bildet somit ein Mosaik festgelegter Zellen. Isolierte Einzelzellen des Keims entwickeln sich nicht zu einem vollständigen Organismus.

Alle in einem Keimteil liegenden Entwicklungsmöglichkeiten bezeichnet man als *prospektive Potenz*. Das, was sich bei ungestörtem Fortgang daraus entwickelt, wird als *prospektive Bedeutung* bezeichnet. Bei *Regulationseiern* wächst aus isolierten Zellen nach der ersten Furchungsteilung jeweils ein vollständiger Keim heran. Bei ihnen ist demnach die prospektive Potenz der

Eier größer als die prospektive Bedeutung. So zeigten Schnürungsversuche bei Molcheiern, dass alle Zellen des Keims bis zum Gastrulastadium die gesamte Erbinformation aktivieren können. Erst danach kommt es zu einer irreversiblen Festlegung auf ein bestimmtes Entwicklungsprogramm (*Determination*).

3.2 Transplantation und Induktion

Transplantationsversuche mit Molchkeimen, bei denen Stücke aus dem Blastula- oder Gastrulastadium entnommen und auf andere Keime übertragen wurden, zeigten, dass diese sich bis zur frühen Gastrula ortsgemäß entwickeln, sie bilden also das dem Einpflanzungsort entsprechende Gewebe. Werden Keimteile später transplantiert, entwickeln sie sich herkunftsgemäß und bilden das Gewebe des Herkunftsortes. Die Determination ist dann vollzogen. Jetzt wirken die transplantierten Gewebe auf die anderen Gewebe bestimmend ein, man spricht von Induktion. Zahlreiche Stoffe konnten als Induktionsstoffe nachgewiesen werden.

Bei der Fruchtfliege (Drosophila) steuert eine Gengruppe (Homöobox) den Entwicklungsverlauf. Alle Zellen des Tieres sind zwar totipotent, d. h., sie besitzen die gesamte genetische Information, je nach ihrer Lage im Embryo und der Aktivität der Entwicklungsgene werden aber unterschiedliche Informationen in Merkmale umgesetzt.

3.3 Einfluss von Außenfaktoren

Verschiedene Umweltfaktoren bewirken Variationen bei der Verwirklichung der Erbanlagen. Man spricht von *Modifikationen*. Bei Pflanzen scheinen äußere Faktoren die Entwicklung stärker zu beeinflussen als bei Tieren, bei denen die Wirkung der inneren Faktoren bedeutender ist.

❓ Alles klar?
- Unterschied und Bedeutung von ungeschlechtlicher und geschlechtlicher Fortpflanzung
- Keimesentwicklung der vielzelligen Pflanzen und Tiere und deren Abhängigkeit von inneren und äußeren Faktoren

Genetik

Die Vererbungslehre befasst sich mit den Gesetzmäßigkeiten, nach denen Eigenschaften der Vorfahren an die Nachkommen weitergegeben werden.

1 MENDELsche Regeln

1.1 Arbeitsweise

GREGOR MENDEL (1822–1884) entdeckte erstmals die Regeln der Vererbung. Als Versuchspflanze wählte er die Saaterbse. Er verwendete nur Erbsensorten, die über viele Generationen bestimmte Merkmale unverändert zeigten, und nannte sie reinerbig (homozygot). Bei seinen Untersuchungen beschränkte er sich auf wenige Merkmale wie Farbe der Samen, Form der Samen oder Farbe der Blüte. Er kreuzte gezielt bestimmte Sorten, indem er sie künstlich bestäubte. Seine Ergebnisse wertete er statistisch aus. Aus der großen Zahl der Nachkommen errechnete er die Zahlenverhältnisse, in denen die bestimmten Merkmale auftraten.

Die Saaterbse als Versuchspflanze bietet zahlreiche Vorteile wie einen kurzen Generationszyklus, eine hohe Nachkommenzahl, zahlreiche einfach zu unterscheidende Merkmale sowie die Möglichkeit der Selbst- und Fremdbestäubung.

1.2 Monohybrider Erbgang

MENDEL kreuzte eine reinrassige rot blühende Erbsensorte mit einer reinrassigen weiß blühenden, indem er die Narbe der rot blühenden Pflanze mit dem Pollen der weiß blühenden bestäubte. Beide Pflanzen bilden die Elterngeneration oder Parentalgeneration (P). Später säte er die Samen der Elterngeneration aus und zog daraus neue Pflanzen heran. Alle Pflanzen der 1. Tochtergeneration (1. Filialgeneration, F_1) waren rot blühend. Auch die umgekehrte (reziproke) Kreuzung, bei der er Pollen einer rot blühenden Erbse auf die Narbe einer weiß blühenden brachte, ergab das gleiche Resultat. Alle Nachkommen in der 1. Tochtergeneration waren stets untereinander gleich (uniform).

Die 1. MENDELsche Regel heißt daher auch *Uniformitätsregel* und lautet: Kreuzt man reinerbige Individuen einer Art, die sich in einem Merkmal unterscheiden, so sind die Nachkommen in der F_1-Generation untereinander gleich. Da dies auch für die reziproke Kreuzung gilt, spricht man auch von der *Reziprozitätsregel*.

MENDEL kreuzte nun die rot blühenden Erbsen der F_1-Generation und säte deren Samen aus. Jetzt wuchsen außer rot blühenden auch weiß blühende Erbsen heran. Ihr Zahlenverhältnis war etwa 3 : 1.

Die 2. MENDELsche Regel heißt daher auch *Spaltungsregel* und lautet: Kreuzt man die Mischlinge der F_1-Generation untereinander, so treten in der F_2-Generation auch die Merkmale der Eltern-(P-)Generation in einem bestimmten Zahlenverhältnis wieder auf.

Fachbegriffe und Darstellung von Erbgängen. Das sichtbare Erscheinungsbild eines Lebewesens heißt *Phänotyp*. Die Gesamtheit der Erbanlagen eines Lebewesens sind sein *Genotyp*. Die einzelne Erbanlage für ein bestimmtes Merkmal wird *Gen* genannt. Die Funktionsform eines Gens, also die Art und Weise, wie ein Gen ein Merkmal ausprägt, heißt *Allel*.

Für jedes Merkmal sind zwei Allele zuständig. Besitzt ein Lebewesen für ein Merkmal zwei gleiche Allele, ist es hinsichtlich dieses Merkmals *reinerbig* (homozygot). Besitzt es für ein Merkmal zwei verschiedene Allele, ist es hinsichtlich dieses Merkmals *mischerbig* (heterozygot). Die F_1-Generation ist immer heterozygot. Das dominante Allel überdeckt das rezessive im Erscheinungsbild, wenn die Eltern unterschiedliche Allele besitzen, d. h. ein rezessives Allel wird durch ein dominantes unterdrückt.

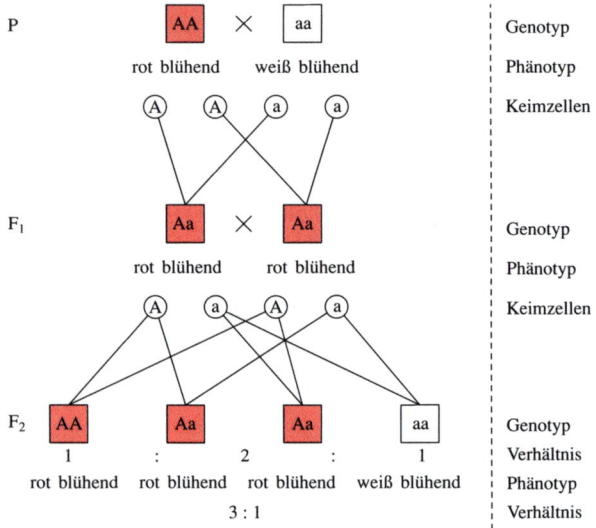

Pflanzenart: Erbse
A = Allel für rot blühend
a = Allel für weiß blühend

P	AA × aa	Genotyp
	rot blühend weiß blühend	Phänotyp
	A A a a	Keimzellen
F_1	Aa × Aa	Genotyp
	rot blühend rot blühend	Phänotyp
	A a A a	Keimzellen
F_2	AA Aa Aa aa	Genotyp
	1 : 2 : 1	Verhältnis
	rot blühend rot blühend rot blühend weiß blühend	Phänotyp
	3 : 1	Verhältnis

Monohybrider dominant-rezessiver Erbgang

Individuen, die aus einer Kreuzung zwischen Eltern hervorgehen, deren Erbgut sich in einem oder mehreren Allelen unterscheidet, nennt man *Hybride,* bei Tieren auch *Bastarde.*
Symbole und Zeichen beim Kreuzungsschema. Bei der Darstellung von Erbgängen werden dominante Allele mit Großbuchstaben, rezessive mit Kleinbuchstaben bezeichnet. In der Legende ist die Bedeutung der Buchstaben jeweils anzugeben. Körperzellen, die immer zwei Allele für ein Merkmal besitzen, werden eckig dargestellt, Keimzellen mit einem Allel rund.
Wird bei einem Erbgang nur ein Merkmal verfolgt, spricht man von einem *monohybriden* Erbgang, werden zwei Merkmale verfolgt, von einem *dihybriden* Erbgang.

1.3 Dihybrider Erbgang

MENDEL führte auch Kreuzungen mit Erbsensorten durch, die sich in zwei Merkmalen wie Form und Farbe der Samen unterschieden. Eine Erbsensorte hatte gelbe und kantige Samen, die andere grüne und runde Samen. In der F_1-Generation traten uniform nur gelbe runde Samen auf. Gelb war dominant über grün, rund über kantig.

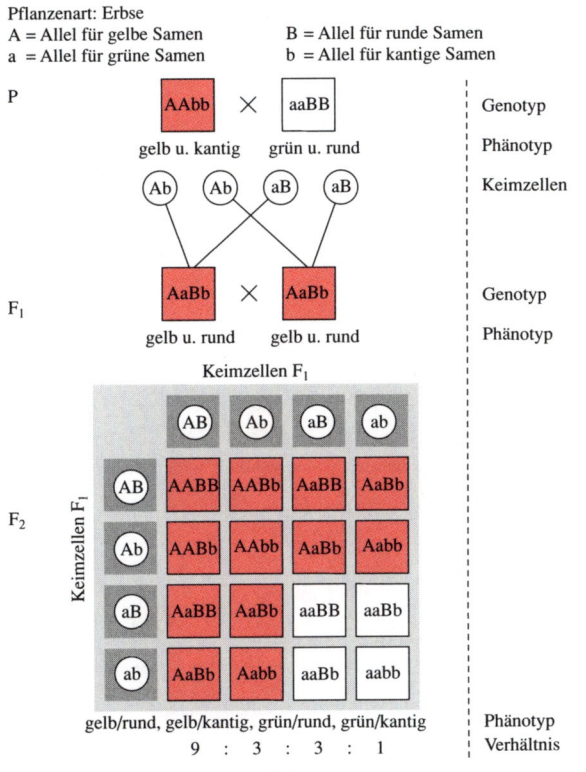

Dihybrider dominant-rezessiver Erbgang

In der F_2-Generation spalteten die Nachkommen der F_1-Generation untereinander auf. Im Zahlenverhältnis von 9 : 3 : 3 : 1 waren die Samen gelb und rund, gelb und kantig, grün und rund sowie grün und kantig. Die Sorte mit grünen kantigen Samen war neu, die Erbanlagen für Samenfarbe und Samenform hatten sich unabhängig voneinander neu kombiniert.

Die 3. MENDELsche Regel heißt daher auch *Unabhängigkeitsregel* oder *Regel von der Neukombination der Gene* und lautet: Kreuzt man zwei Individuen, die sich in mehreren Merkmalen reinerbig unterscheiden, werden in der F_2-Generation die einzelnen Merkmale unabhängig voneinander vererbt und neu kombiniert.

1.4 Intermediäre Vererbung

Bei manchen Genen unterdrückt kein Allel das andere, beide sind gleich bedeutend. Kreuzt man z. B. Wunderblumen mit roten und weißen Blüten miteinander, erhält man in der F_1-Generation nur rosafarbene Blüten. Es handelt sich hier um einen

Pflanzenart: Erbse
A = Allel für rot blühend
a = Allel für weiß blühend

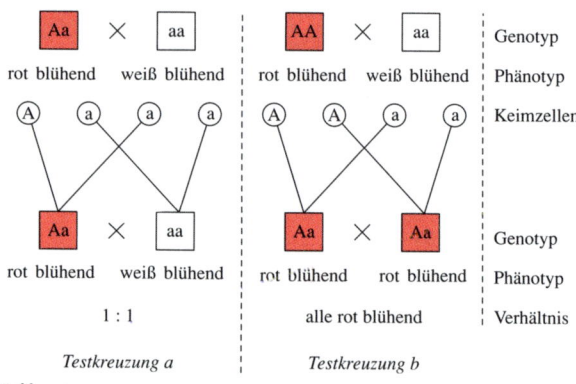

Testkreuzung a   *Testkreuzung b*
Rückkreuzung

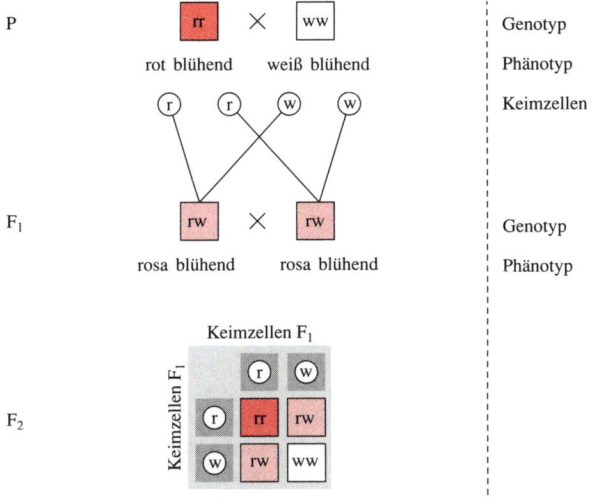

| | | Keimzellen | | |

P   rr × ww   Genotyp

rot blühend   weiß blühend   Phänotyp

(r) (r) (w) (w)   Keimzellen

F₁   rw × rw   Genotyp

rosa blühend   rosa blühend   Phänotyp

Keimzellen F₁

F₂

rot blühend, rosa blühend, weiß blühend im Verhältnis 1 : 2 : 1   Phänotyp

Intermediärer Erbgang

intermediären Erbgang. Kreuzt man die Wunderblumen der F₁-Generation untereinander, spalten die Nachkommen im Verhältnis 1 : 2 : 1 wieder auf. Bei der intermediären Vererbung bezeichnet man die Allele mit unterschiedlichen Kleinbuchstaben.

1.5 Rückkreuzung (Testkreuzung)

Um herauszufinden, ob bei einem Lebewesen ein bestimmtes Merkmal reinerbig (AA) oder mischerbig (Aa) vorliegt, führt man eine Rückkreuzung (Testkreuzung) durch. Hierfür nimmt man als Partner ein Individuum, bei dem das entsprechende Merkmal reinerbig rezessiv vorliegt (aa). (↗ Abbildung S. 90) Ist der zu testende Partner reinerbig dominant, sind alle Nachkommen der F₁ entsprechend der 1. MENDELschen Regel uniform. Ist der Partner mischerbig, spalten bei der Rückkreuzung die Nachkommen im Verhältnis 1 : 1 auf.

2 Chromosomen und Vererbung

2.1 Chromosomen

Chromosomen sind die Träger der Erbanlagen. Sie bestehen aus einem langen DNA-Faden und stabilisierenden Proteinen (Histone). Je nach ihrer jeweiligen Funktion unterliegen sie einem typischen *Gestaltwandel:* In der *Arbeitsform* liegt die DNA als Chromatinfaden entspiralisiert vor und ist lichtmikroskopisch nicht sichtbar. In diesem Zustand kann die Erbinformation abgelesen (Transkription) oder verdoppelt werden. In der *Transportform* während der Kernteilung ist die DNA spiralisiert und verkürzt. Jetzt nehmen die Chromatinfäden eine klar umgrenzte lichtmikroskopisch erkennbare Gestalt an.

Jedes Chromosom besteht vor der Teilung aus zwei identischen Längshälften (Chromatiden), die am Zentromer zusammenhängen. Nach der Zellteilung enthält das Chromosom einen DNA-Strang (Ein-Chromatid-Chromosom). Anschließend wird das DNA-Molekül identisch verdoppelt, ein Zwei-Chromatid-Chromosom mit zwei genetisch identischen Chromatiden (Schwesterchromatiden) entsteht.

Homologe Chromosomen sind paarweise auftretende Chromosomen, die eine einander entsprechende Gestalt aufweisen. Je eines der beiden homologen Chromosomen stammt ursprünglich vom Vater bzw. von der Mutter. Mit Ausnahme der Geschlechtschromosomen haben sie jeweils einen einander entsprechenden Genbestand. Die Allele homologer Chromosomen sind jedoch meist nicht identisch. Ihre Chromatiden nennt man daher Nicht-Schwesterchromatiden.

Die Gesamtheit aller Chromosomen in der Zelle ist der *Chromosomensatz* (Genom). Anzahl und Form der Chromosomen sind artspezifisch. So enthalten menschliche Körperzellen 46 Chromosomen.

In den Körperzellen der meisten Lebewesen liegen die Chromosomen paarweise vor, sie haben einen *diploiden Chromosomensatz* (2n). Die Keimzellen sind in der Regel *haploid* (n).

Die Geschlechtschromosomen werden als *Gonosomen* bezeichnet, die übrigen Chromosomen als *Autosomen*. Beim Menschen bestimmen die beiden 23. Chromosomen das Geschlecht.

Bei der Frau sind sie gleich (XX), beim Mann ungleich gestaltet (XY).

Riesenchromosomen in Drüsenzellen von Fliegen und Mücken entstehen dadurch, dass sich die Chromatiden der gepaarten homologen Chromosomen vervielfachen, ohne dass Kernteilungen stattfinden.

Karyogramme bilden die Grundlage für Chromosomenanalysen. Die einzelnen Chromosomen werden dabei nach Größe, Gestalt und Bänderung als homologe Paare geordnet.

2.2 Reifeteilung (Meiose)

Die Meiose liefert Geschlechtszellen (Keimzellen, Gameten) mit reduziertem haploidem Chromosomensatz (n).

Die entscheidenden Unterschiede zur Mitose sind (↗ Mitose, S. 16 ff.):

- Die Meiose erfolgt in zwei Teilungsschritten, der 1. und 2. Reifeteilung.
- Bei der 1. Reifeteilung (Reduktionsteilung) werden nicht die Chromatiden auf die Tochterzellen verteilt, sondern jeweils die homologen Chromosomen. Der diploide Chromosomensatz (2n) wird dadurch auf die Hälfte reduziert, also haploid (n).
- Bei der anschließenden 2. Reifeteilung werden die Schwesterchromatiden getrennt. Dies entspricht einer mitotischen Teilung. Aus den beiden Teilungsschritten gehen insgesamt vier haploide Keimzellen hervor.

Rekombination. Die Verteilung der von Vater und Mutter ererbten Chromosomen erfolgt bei der 1. Reifeteilung nach dem Prinzip des Zufalls. Dadurch wird das Erbgut in den Keimzellen neu kombiniert (Rekombination).

- *Interchromosomale Rekombination:* Bei der Aufteilung der homologen Chromosomen (Anaphase der 1. Reifeteilung) werden Chromosomen väterlicher und mütterlicher Herkunft zufallsbedingt auf die beiden Pole verteilt.
- *Intrachromosomale Rekombination:* Während der vorausgehenden Paarung der homologen Chromosomen (Metaphase der 1. Reifeteilung) besteht eine weitere Möglichkeit zur Neukom-

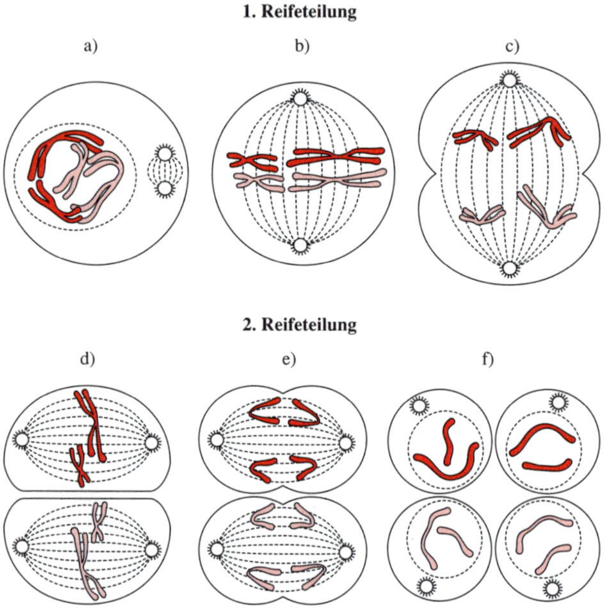

1. Reifeteilung

a)   b)   c)

2. Reifeteilung

d)   e)   f)

Meiose (vereinfachend ist nur ein Chromosomensatz von 2n abgebildet)

bination des Erbgutes. In dieser Phase kann es bei den nebeneinander liegenden homologen Chromosomen zu einem Bruch von Chromatidstücken zweier Nicht-Schwesterchromatiden kommen, wobei die Bruchenden anschließend über Kreuz verheilen. Die Überkreuzung (Chiasma) ist im Lichtmikroskop zu erkennen und führt zum Austausch zwischen mütterlichem und väterlichem Chromosom (Crossing-over).

Bildung von Spermien und Eizellen. Die Kernteilung der Meiose läuft bei Mann und Frau gleich ab, die Teilung des Zellplasmas verschieden.

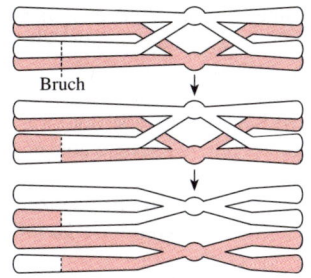

homologe
Chromosomen

Bruch

Stückaustausch

Crossing-over

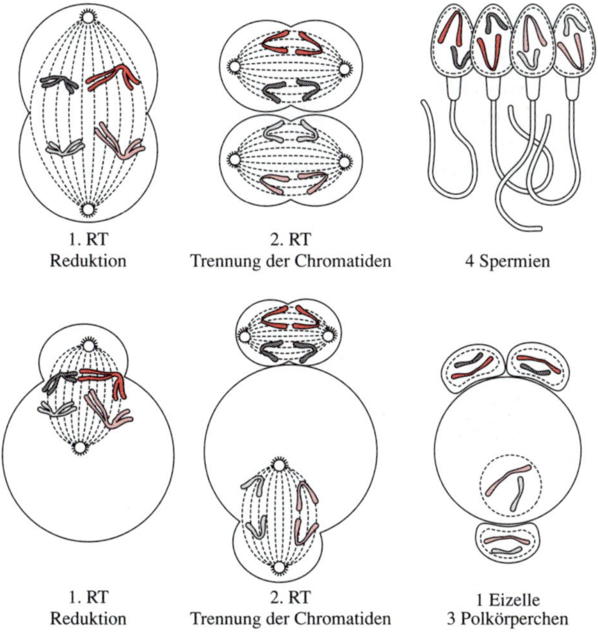

| 1. RT | 2. RT | 4 Spermien |
| Reduktion | Trennung der Chromatiden | |

| 1. RT | 2. RT | 1 Eizelle |
| Reduktion | Trennung der Chromatiden | 3 Polkörperchen |

Bildung von Spermien und Eizelle

- Bei der Bildung der männlichen Keimzellen wird das Zellplasma jeweils in der Zellmitte geteilt. Vier haploide gleich große Spermien entstehen.
- Bei der Bildung der weiblichen Eizelle entstehen eine große zellplasmareiche haploide Eizelle und drei winzige haploide Zellen, die Polkörperchen, die bald absterben.

Die Zellkerne von Eizelle und Samenzelle verschmelzen bei der *Befruchtung*. Aus zwei haploiden Keimzellen entsteht eine diploide Zygote.

2.3 Geschlechtsbestimmung

Das Geschlecht von Tier und Mensch wird in der Regel durch genetische Faktoren bestimmt. Als Sonderfall wirken Umweltbedingungen (wie Temperatur) auf die Festlegung des Geschlechts ein.

Genotypische Geschlechtsbestimmung. Meist liegen bei weiblichen Tieren die geschlechtsbestimmenden Gene reinerbig (homozygot) vor, bei männlichen mischerbig (heterozygot).

Beim Menschen und bei den Säugetieren bestimmt das Y-Chromosom die Ausbildung der männlichen Geschlechtsmerkmale. Da die Zahl der Spermien mit X- und Y-Chromosom gleich ist

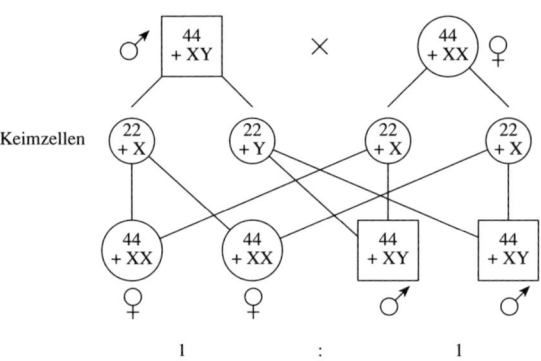

Genotypische Geschlechtsbestimmung bei Menschen

(22 + X ebenso häufig wie 22 + Y), liegt das Geschlechterverhältnis bei etwa 1:1.

Bei Vögeln und Schmetterlingen besitzen die Weibchen ein X- und ein Y-Chromosom, die Männchen zwei X-Gonosomen.

Bei der Taufliege Drosophila bestimmt das Verhältnis von Y-Chromosom zu den Autosomensätzen das Geschlecht.

2.4 Kopplung von Genen

THOMAS H. MORGAN führte mit *Drosophila melanogaster* Kreuzungsversuche durch. Ihre Vorzüge als Versuchsobjekt sind: kurze Generationsdauer (bei 20 °C nur 14 Tage), hohe Nachkommenzahl (bis zu 300 Fliegen pro Paar), einfache Handhabung bei der Zucht, zahlreiche leicht unterscheidbare Mutanten und geringe Chromosomenzahl (2n = 8).

MORGANS Kreuzungsversuche zeigten, dass nicht alle Gene bei Drosophila frei kombinierbar sind. Erbanlagen sind nur dann frei kombinierbar, wenn sie auf verschiedenen Chromosomen liegen. Die Anlagen, die auf ein und demselben Chromosom liegen, werden gekoppelt vererbt. Drosophila besitzt vier Gruppen gekoppelter Gene. Dies stimmt mit der Zahl des haploiden Chromosomensatzes bei Drosophila überein. Alle auf einem Chromosom liegenden Gene bilden eine *Kopplungsgruppe*.

Die *Darstellungsweise* weicht bei der Drosophila-Genetik von der üblichen ab: Allele, die dem Wildtyp entsprechen, werden mit + bezeichnet. Für mutierte Allele werden englische Abkürzungen verwendet. Kleinschreibweise bedeutet hier Rezessivität, Großschreibweise Dominanz gegenüber dem Wildtyp-Allel. Die Allele für ein Merkmal stehen übereinander und sind durch waagrechte Striche getrennt. Sind diese Striche durchgezogen, sind die Allele gekoppelt. Die Grafiken zeigen die Beispiele einer Kreuzung von reinerbigem Wildtypweibchen mit schwarzem stummelflügligem Männchen sowie die Rückkreuzung zwischen einem Männchen der F_1 und einer weiblichen Doppelmutante sowie einen Erbgang mit Faktorenaustausch.

Bei einer Darstellungsweise der Drosophila-Genetik trägt man die entsprechenden Allele in schematisch gezeichnete Chromosomen ein. (↗ Seite 100)

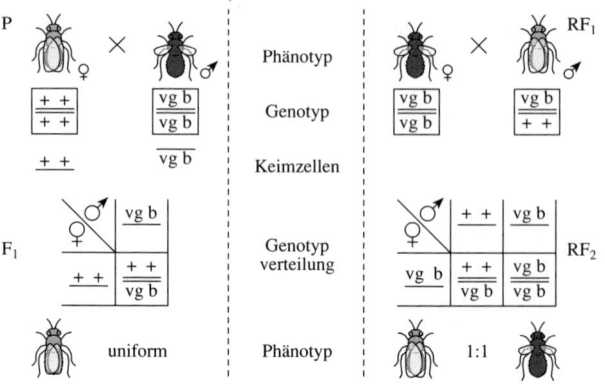

+ = Wildallel, b = black, vg = vestigal (stummelflüglig)

Dominant-rezessiver gekoppelter Erbgang und Rückkreuzung

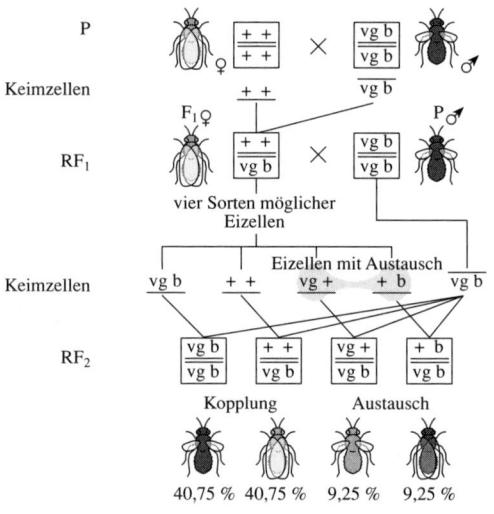

b = black, + = grau, vg = vestigal (stummelflüglig), + = lange Flügel

Erbgang mit Faktorenaustauch (Crossing-over)

Kopplungsbruch und Faktorenaustausch. Durch Crossover kann die Genkopplung durchbrochen werden (Kopplungsbruch). Es erfolgt ein Allel- oder Faktorenaustausch.

Im dargestellten Erbgang müsste bei der Rückkreuzung von grau-langflügligen Weibchen (RF_1) mit schwarz-stummelflügeligen Männchen in RF_2 ein Verhältnis von 1: 1 auftauchen. Tatsächlich ergeben sich aber vier Phänotypen. Bei der Eizellbildung kam es zu *Chiasmata,* die zu einer Entkoppelung der Gene führten.

Genkartierung. Der Prozentsatz der Entkopplungen zweier Gene (Austauschwert) lässt Rückschlüsse auf die Lage von Genen auf einem Chromosom zu. Denn je weiter zwei Gene auf einem Chromosom auseinander liegen, desto größer ist die Wahrscheinlichkeit, dass im dazwischenliegenden Chromosomenabschnitt ein Chiasma stattfindet und es damit zu einem Faktorenaustausch (Crossover) kommt. Ein hoher Austauschwert spricht daher für weit auseinander liegende Gene.

Mit Hilfe der Dreipunktanalyse lässt sich die Reihenfolge mehrerer Gene auf einem Chromosom ermitteln. Ein Austauschwert von 1 % wird als 1 MORGAN-Einheit bezeichnet.

Tatsächliche Austauschwerte:

b/cn:	9 %		b	= black
cn/vg:	8,5 %		cn	= cinnabar (zinnoberrot)
b/vg:	17,5 %		vg	= vestigal

Überlegung:

Die Reihenfolge der Gene ist b – cn – vg

Dreipunktanalyse

X-chromosomale Vererbung. Hier liegt das untersuchte Gen auf dem X-Chromosom, das Y-Chromosom trägt kein entsprechendes Allel. Dadurch werden beim Männchen die rezessiven Allele im Phänotyp immer sichtbar (man spricht von Hemizygo-

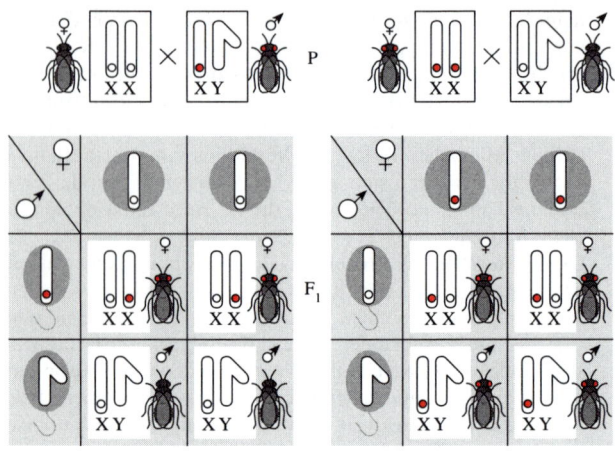

⬤ = Wildtyp, rote Augen   ◯ = weiße Augen (rezessiv)

*X-chromosonale Vererbung der Augenfarben bei Drosophila
(keine Reziprozität)*

tie), beim Weibchen nur bei Homozygotie (d. h., das Allel muss auf beiden Chromosomen vorhanden ist). Das Kreuzungsergebnis ist nicht reziprok, sondern davon abhängig, welches Geschlecht das Merkmal trägt. (↗ Humangenetik, S. 116 f.)

2.5 Interpretation von Erbgängen

Um Aussagen über Erbschemata machen zu können, muss geklärt werden, wie das untersuchte Merkmal vorliegt:

- ◆ dominant oder rezessiv (gehäuftes Auftreten in der F_2-Generation spricht für Dominanz),
- ◆ homozygot oder heterozygot (1:1-Aufspaltung bei einer Rückkreuzung spricht für Heterozygotie),
- ◆ gekoppelt oder ungekoppelt (geringe Anzahl verschiedener Phänotypen spricht für Kopplung),
- ◆ autosomal oder X-chromosomal (fehlende Reziprozität spricht für geschlechtsgebundene Vererbung).

2.6 Mutationen

Mutationen sind zufällig auftretende Veränderungen der Erbinformation. Man unterscheidet folgende *Mutationstypen:*

- *Genmutationen* (Punktmutationen) betreffen nur ein einzelnes Gen.
- *Chromosomenmutationen* verändern die Struktur des Chromosoms (*Deletion,* der Verlust eines Chromosomenstücks; *Translokation,* die Anheftung von Chromosomenstücken an nichthomologe Chromosomen; *Duplikation,* die Verdopplung eines Chromosomenstücks; *Inversion,* der ungekehrte Einbau eines Chromosomenstücks).
- Bei der *Genommutation* wird die Zahl der Chromosomen verändert (*Polyploidie* oder *Euploidie,* die Vervielfachung des Genoms; *Aneuploidie,* wenn einzelne Chromosomen verloren gegangen oder überzählig sind). Ursache einer Genommutation ist eine fehlende Trennung homologer Chromosomen (Nondisjunktion) in der Anaphase der 1. Reifeteilung. (↗ Meiose, S. 93 f.)

Mutagene sind Faktoren, die Mutationen auslösen. Physikalische Faktoren sind radioaktive Strahlung, UV-Strahlen und abnorme Temperaturen. Als chemische Faktoren sind mehrere Hundert Stoffe bekannt, von denen viele auch Krebs auslösend sind (z. B. das Schimmelpilzgift Alfatoxin).
Somatische Mutationen betreffen die Körperzellen und sind im Gegensatz zu den *generativen Mutationen* der Keimzellen nicht vererbbar.

2.7 Modifikationen

Modifikationen sind Änderungen des Phänotyps, die auf Umwelteinflüssen beruhen. Diese individuell erworbenen Eigenschaften sind nicht erblich. Bei einer Modifikation verändern die Umweltfaktoren nicht die Erbinformation, sondern innerhalb einer genetisch festgelegten Norm die Merkmalsausbildung. Die Variationsbreite (Reaktionsnorm) ist erblich festgelegt, die tatsächliche Variabilität der Merkmale beruht auf Umwelteinflüssen.

◆ Bei *fließenden Modifikationen* (z. B. Samengröße von Bohnen) ergibt die Variationsbreite für ein Merkmal bei erbgleichen Individuen eine glockenförmige GAUSSsche Verteilungskurve, bei der zu beiden Seiten eines Mittelwertes Abweichungen auftreten.

◆ Bei *umschlagenden Modifikationen* ändert sich ein bestimmtes Merkmal übergangslos. Beispiel: Die Chinesische Primel bildet unter 30 °C rote Blüten aus, über 30 °C weiße.

2.8 Polygenie und Polyphänie

Wird ein Merkmal von mehreren Genen bestimmt, spricht man von *Polygenie*. Verstärken sich die Gene in ihrer Wirkung, nennt man dies additive Polygenie. Beispiele dafür sind die Hautfarbe und Körpergröße des Menschen und die Resistenz der Kartoffel gegenüber dem Kartoffelkäfer.

Tritt ein Gen in mehreren Allelen auf, liegt *multiple Allelie* vor. Ein Beispiel dafür sind die Blutgruppen des Menschen.

Bei *Polyphänie* (Pleiotropie) ist ein Gen für die Ausbildung verschiedener Merkmale verantwortlich. Das MARFAN-Syndrom (Spinnenfingrigkeit) beim Menschen ist ein Beispiel hierfür. Die monogen bedingte Krankheit wirkt sich auf das Bindegewebe aus und führt zu Erkrankungen der Kreislauforgane, der Augen und des Skeletts.

3 Molekulargenetik

3.1 Nukleinsäuren

Stoffliche Träger der Gene sind die Nukleinsäuren DNA (Desoxirobonukleinsäure bzw. Desoxyribonucleinacid) und RNA (Ribonukleinsäure/-acid). (↗ Zellbiologie, S. 23)

◆ DNA kommt in Chromosomen, Mitochondrien und Plastiden vor.

◆ Bei der RNA unterscheidet man *Nukleolus-RNA* im Kernkörperchen, *ribosomale RNA* in den Ribosomen, *messenger-RNA* (m-RNA), die die genetische Information der DNA vom Kern zum Plasma überträgt, und *transfer-RNA* (t-RNA), die Aminosäuren im Zellplasma zu den Ribosomen transportiert.

Die räumliche Struktur der DNA wird durch die *Doppelhelix-struktur* des Watson-Crick-Modells wiedergegeben: Zwei gegenläufige antiparallele Polynukleotidstränge sind wendelartig umeinander geschlungen.

Jedes Nukleotid besteht aus einer Purinbase oder einer Pyrimidinbase sowie einem Zuckerrest und einem Phosphatrest. Bei der doppelsträngigen DNA stehen sich immer die Basen Adenin und Thymin bzw. Cytosin und Guanin gegenüber (komplementäre Basenpaarung). Die komplementäre Basenpaarung erfolgt über Wasserstoffbrücken. Die Basensequenz bestimmt die genetische Information.

Demgegenüber ist die RNA einsträngig. Sie ist kürzer als die DNA, anstelle der Desoxiribose ist das Zuckermolekül Ribose eingebaut. Statt der Base Thymin kommt die Base Uracil vor, die sich mit Adenin paaren kann.

3.2 Bakterien und Viren als Untersuchungsobjekte

Transformations-Experimente erbrachten den Beleg, dass die DNA der *Träger der Erbinformation* ist. Unter Transformation versteht man die Aufnahme und den Einbau von isolierter DNA in die Bakterienzelle. Avery isolierte aus abgetöteten krankheitserregenden S-Pneumokokken DNA und übertrug diese in ein Nährmedium mit harmlosen R-Pneumokokken. In dieser Kultur fanden sich bald auch S-Pneumokokken. Da ausschließlich isolierte DNA übertragen wurde, muss die DNA der Träger der Erbinformation sein.

Viren und Transduktion. Viren sind Zellparasiten, die aus einer Proteinhülle bestehen, welche einen Nukleinsäurefaden umgibt. Das Genom von Viren enthält eine geringe Zahl von Genen und besteht entweder aus RNA oder DNA. Viren besitzen keinen eigenen Stoffwechsel und veranlassen fremde Zellen (Wirtszellen), ihre Vermehrung zu übernehmen. Als *Bakteriophagen* (kurz: Phagen) bezeichnet man Viren, die sich vermehren, indem sie ihre DNA oder RNA in Bakterienzellen einschleusen. Der Vorgang der Überführung wird als *Transduktion* bezeichnet.

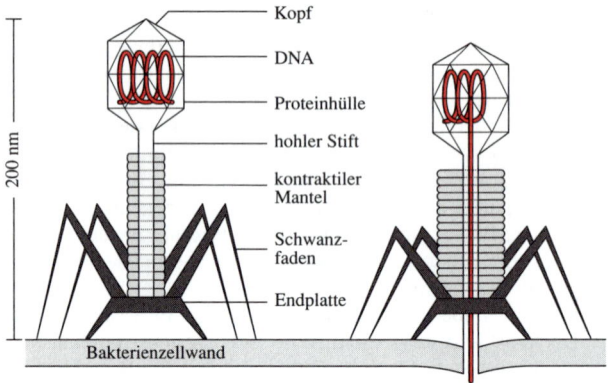

Bau eines Bakteriophagen und Vorgang der Injektion

Entwicklungszyklen von Bakteriophagen. Man unterscheidet bei bakterienbefallenden Viren zwei Vermehrungszyklen:

- *Lytischer Zyklus:* Krankheitserregende (virulente) Phagen veranlassen eine Bakterienzelle nach erfolgter Anheftung (Adsorption) und Injektion ihrer Erbinformation zur Bildung von Phagenbausteinen. Diese lagern sich dann zu neuen Phagen zusammen (self-assembly). Die anschließende Phagenfreisetzung führt zur Auflösung der Bakterienzelle.

- *Lysogener Zyklus:* Dabei wird die Erbinformation eines Phagen vorübergehend in die Bakterien-DNA eingebaut. Diese temperenten Phagen verbleiben als sog. Prophagen im Bakterium, das sich weiter vermehren kann. Mit der Wirts-DNA wird dabei auch die Virus-DNA verdoppelt und auf die Tochterzellen verteilt. Durch Außeneinflüsse wie UV-Licht kann aus dem temperenten Phagen ein lytischer werden.

Konjugation. Plasmide sind kleine DNA-Ringe, die frei im Bakterienplasma vorkommen. Sie können sich unabhängig von den Bakterien-Chromosomen vermehren und zuvor verdoppelte Plasmid-DNA auf andere Bakterien übertragen. Diese Übertragung geschieht über die *Bildung einer Zellplasmabrücke* (Kon-

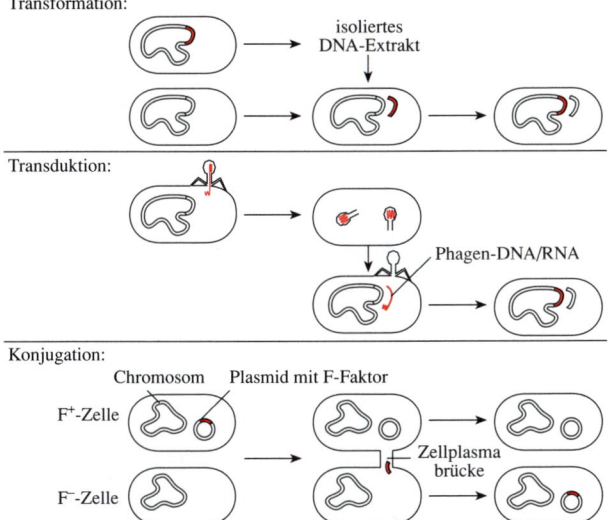

Transformation:

isoliertes DNA-Extrakt

Transduktion:

Phagen-DNA/RNA

Konjugation:

Chromosom   Plasmid mit F-Faktor

F⁺-Zelle

Zellplasma brücke

F⁻-Zelle

Transformation, Transduktion und Konjugation im Vergleich

jugation) von der Spenderzelle (F⁺-Zelle) in die Empfängerzelle (F⁻-Zelle). Dabei können auch *Resistenzgene* (Resistenz-Faktoren) gegen Antibiotika u. a. mit übertragen werden.

3.3 Identische Replikation der DNA

Vor jeder Mitose wird in der Interphase des Zellzyklus die DNA identisch kopiert. Man spricht von Replikation. Dazu werden die Wasserstoffbrücken der beiden Stränge der DNA-Doppelhelix enzymatisch getrennt. An jedem Strang lagern sich einzelne Nukleotide mit den jeweils komplementären Basen an. So entstehen zwei identische DNA-Doppelketten, wobei jeweils eine von der alten DNA stammt und eine neu gebildet ist. Man spricht daher von *semikonservativer Replikation*. So wird in der Interphase der Mitose aus einem Ein-Chromatid-Chromosom ein Zwei-Chromatid-Chromosom. (↗ Mitose, S.16 ff.)

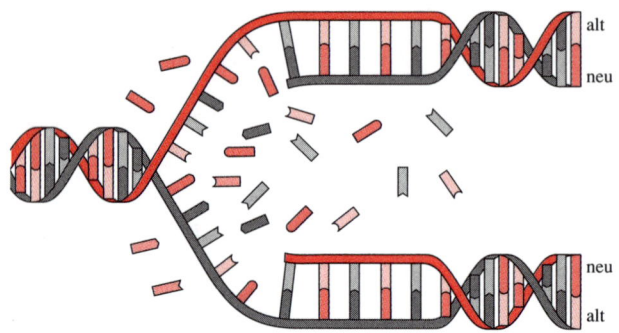

Identische Replikation

Das *MESELSON-STAHL-Experiment* beweist die Theorie der semikonservativen Replikation. Escherichia-coli-Bakterien werden zunächst in einem Medium mit schwerem Stickstoffisotop ^{15}N gezüchtet. Die Bakterien bauen dieses in ihre DNA ein. Anschließend werden die Bakterien in ein Normalmedium mit dem leichteren Stickstoffisotop ^{14}N überführt und dort weitergezüchtet. Die neu gebildete DNA wird dadurch leichter. Durch Dichtegradientenzentrifugation können die unterschiedlich schweren DNA-Moliküle getrennt werden. Das abgebildete Ergebnis lässt sich durch die Hypothese der semikonservativen Replikation erklären.

3.4 Proteinbiosynthese

Von Gen zum Merkmal

Nach der *Ein-Gen-ein-Polypeptid-Hypothese* ist jeweils ein Gen für die Bildung eines Polypeptids verantwortlich. Diese Polypeptide, Verbindungen aus mehreren Aminosäuren, sind z. B. als Enzyme zuständig für Stoffwechselvorgänge, die Merkmale des Phänotyps ausprägen. Ihre Aminosäurensequenz wird durch die Nukleotidsequenz der DNA festgelegt. Die genetische Information der DNA reguliert über die Vorgänge der *Transkription* und der *Translation* die Bildung der Proteine (Proteinbiosynthese).

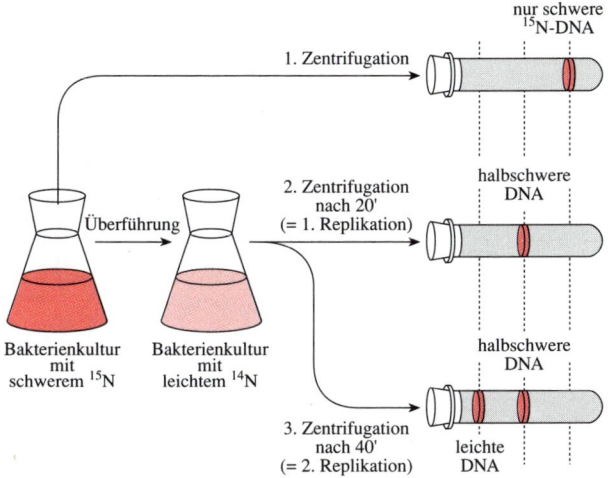

Meselson-Stahl-Experiment

Der Ausfall eines Gens durch eine Punktmutation kann zu einem Funktionsverlust und damit zu einem veränderten Phänotyp führen.

Der *genetische Code* enthält die verschlüsselte Zuordnung der DNA-Basensequenz zur Aminosäurensequenz von Proteinen. Ein Basentriplett (Codon) entspricht einer Aminosäure. Bei vier verschiedenen Basen ergeben sich so $4^3 = 64$ verschiedene Kombinationsmöglichkeiten. Damit ist der Code redundant, d. h., es gibt deutlich mehr Tripletts als die zu codierenden 20 Aminosäuren. Da alle Lebewesen die Basensequenz in gleicher Weise übersetzen, ist der genetische Code universell gültig.

In Code-Tabellen wie der *Code-Sonne* werden die Codons der m-RNA angegeben. Die Codons werden dabei von innen nach außen gelesen. Beispiel: Die Aminosäure Alanin (Ala) wird bestimmt durch die Tripletts GCU, GCC, GCA und GCG. Start-Codons geben den Anfangspunkt einer Übersetzung an, Stopp-Codons unterbrechen den Übersetzungsvorgang.

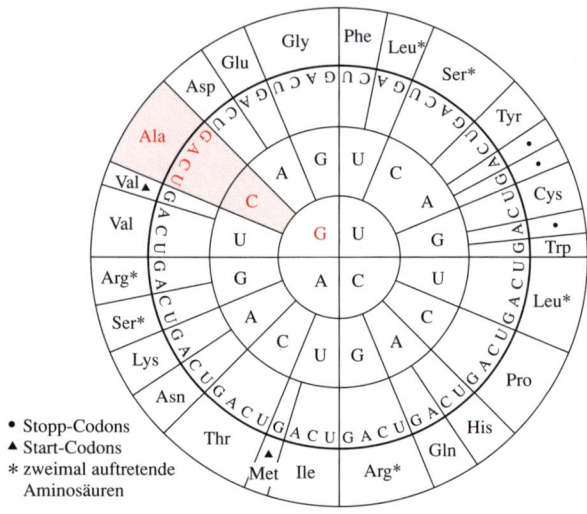

Code-Sonne

Ablauf der Proteinbiosynthese

Die DNA befindet sich im Zellkern, die Proteinsynthese findet an den Ribosomen im Zellplasma statt. Als Vermittler erstellt die m-RNA eine einsträngige Kopie der DNA (Transkription) und bringt sie zu den Ribosomen. Den Aufbau des Proteins am Ribosom bezeichnet man als Translation.

Transkription. Bei der Transkription wird ein DNA-Abschnitt in die Basensequenz einer m-RNA umgeschrieben. Dazu wird der entsprechende DNA-Abschnitt entwunden und in seine Einzelstränge aufgetrennt. Komplementäre Nukleotide lagern sich an und werden mit Hilfe des Enzyms RNA-Polymerase zu einem RNA-Einzelstrang verbunden. Die Transkription beginnt an der Promotorregion. Nur einer der beiden DNA-Einzelstränge wird als codogener Strang abgelesen. Stößt die RNA-Polymerase auf eine Stopp-Sequenz, beendet sie die Transkription. Die m-RNA trennt sich dann von der DNA und wandert durch die Poren der Kernmembran zu den Ribosomen.

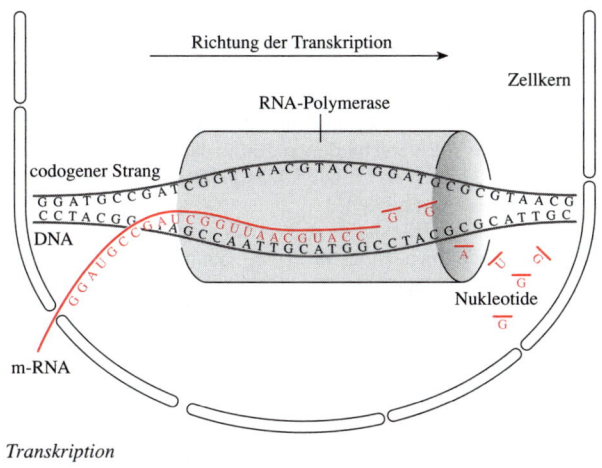

Transkription

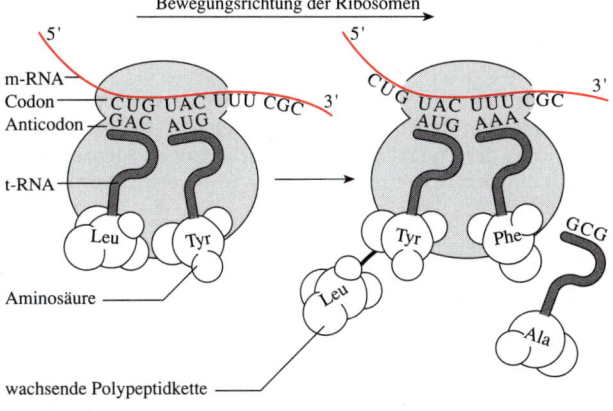

Translation

Translation. Bei der Translation wird ein Polypeptid aus Aminosäuren synthetisiert, deren Reihenfolge (Sequenz) durch die m-RNA vorgegeben ist. Kürzere RNA-Moleküle (t-RNA) transportieren im Zellplasma vorhandene Aminosäuren heran. Jede t-RNA besitzt eine Bindungsstelle für eine ganz bestimmte Aminosäure und ein spezifisches Anticodon. Mit diesem Anticodon heftet es sich am komplementären Codon der m-RNA an. Hier werden nun die verschiedenen Aminosäuren zum Polypeptid verknüpft. Frei werdende t-RNA-Moleküle können wieder gleiche Aminosäuren binden.

Den Beginn der Translation steuert das Start-Codon der m-RNA, das Stopp-Codon beendet die Proteinsynthese. Meist lagern sich mehrere Ribosomen an eine m-RNA an und bilden so ein Polyribosom (kurz: Polysom).

Proteinbiosynthese bei Eukaryoten

Bei Eukaryoten werden meist nicht alle DNA-Sequenzen in die m-RNA übertragen. Die DNA besteht hier aus codierenden Abschnitten (Exons), deren Informationen in die m-RNA eingehen, sowie aus nicht codierenden Abschnitten (Introns), die für die Proteinsynthese unerheblich sind.

Genwirkkette

Als Genwirkkette bezeichnet man die durch die Wirkung zahlreicher Gene ausgelöste Stoffwechselkette von hintereinander geschalteten Reaktionen. Ein Beispiel einer solchen Genwirkkette ist der Phenylalanin-Stoffwechsel beim Menschen. Mutiert ein Gen der Wirkkette, ist der Stoffwechselweg unterbrochen.

3.5 Genregulation

Genaktivierung. Der Kern jeder Zelle enthält das gesamte Genom des Lebewesens. Während der Entwicklung eines Organismus spezialisieren sich die Zellen zu Zelltypen mit unterschiedlicher Funktion (z. B. Epidermiszelle, Nervenzelle). Dabei werden jeweils unterschiedliche Gene bzw. Gengruppen aktiv, alle anderen bleiben inaktiv (differentielle Genaktivierung). Diese Genaktivierung lässt sich bei Riesenchromosomen von Insektenlarven mikroskopisch beobachten. Hier sind aufgeblähte Bereiche sichtbar (Puffs), an denen m-RNA-Bildung nachgewiesen werden kann. Während der Entwicklung der Larven ver-

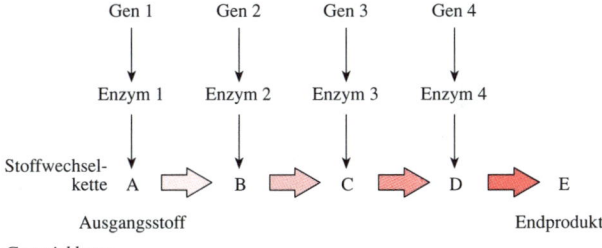

Genwirkkette

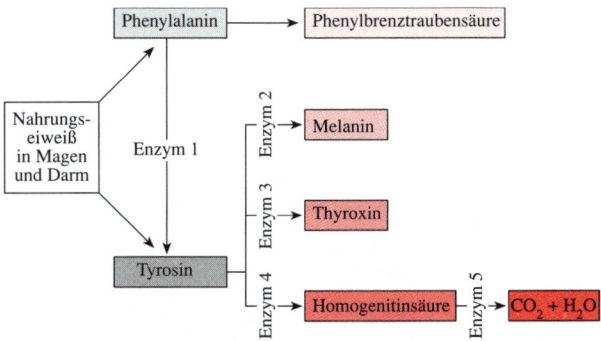

Genwirkkette am Beispiel des Phenylalanin-Stoffwechsels

schwinden Puffs und neue treten an anderen Stellen der Chromosomen auf.

Operonmodell. Wie Gene zu bestimmten Zeitpunkten aktiviert oder gehemmt werden, die Aktivität der Gene also reguliert wird, haben JACOB und MONOD an Bakterien erarbeitet und als Operonmodell vorgestellt. Danach sind einzelne Gene zu einem *Operon* zusammenzufassen. Dieses enthält mehrere *Strukturgene* mit dem Code zur Bildung des Enzyms, *Regulatorgene,* die die Bildung von Repressor-Proteinen codieren, sowie *Operator- und Promotorgene,* die die Strukturgene kontrollieren.

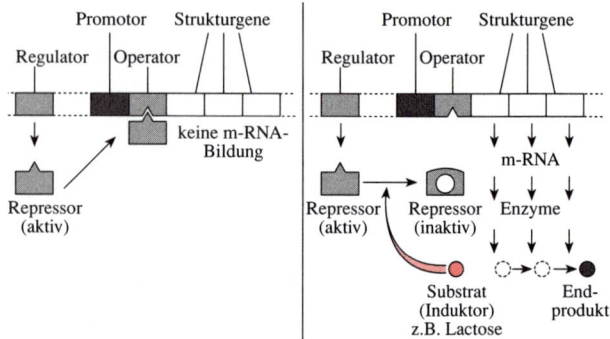

Substratinduktion

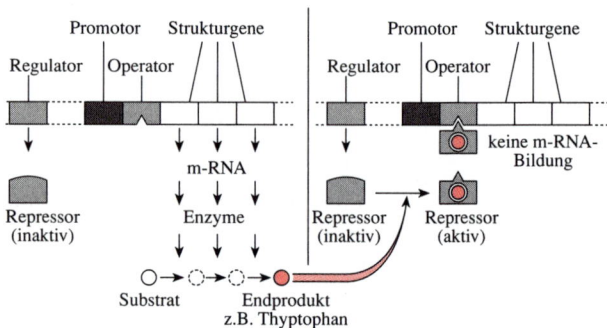

Endprodukthemmung

Genregulation durch Substratinduktion. Wird die Bildung eines Enzyms erst bei Anwesenheit eines bestimmten Substrats (Induktor) ausgelöst, spricht man von Substratinduktion. So bewirkt die Anwesenheit von Lactose (Milchzucker) eine Gestaltsänderung beim aktiven Repressor-Protein. Dieses wird nun als Repressor unwirksam und gibt das Operatorgen frei. Daraufhin veranlassen die Strukturgene die Bildung von Lactose abbauenden Enzymen.

Genregulation durch Endprodukthemmung. Hierbei verhindert das Endprodukt einer Stoffwechselkette die Neubildung von Enzymen. So aktiviert z. B. die Aminosäure Tryptophan den inaktiven Repressor, der seinerseits über den Operator die Strukturgene hemmt. Die Enzymbildung wird eingestellt, weitere Endprodukte fallen vorerst nicht mehr an.

4 Humangenetik

Die Humangenetik erforscht die Vererbung von Merkmalen beim Menschen.

4.1 Methoden und Erkenntnisse der Humangenetik

Vererbungsversuche schließen sich beim Menschen aus. Durch statistische Erhebungen in der Bevölkerung, durch Familien- und Zwillingsforschung verfolgt man die Weitergabe der Erbanlagen beim Menschen.

Massenstatistik

Statistische Zahlenwerte über das Auftreten bestimmter Merkmale in Familien oder Bevölkerungsgruppen geben Hinweise auf die Art der Vererbung dieser Merkmale.

Beispiel: Vererbung der Blutgruppen. Die Vererbung der Blutgruppen A, B, AB und O folgt den MENDELschen Gesetzen (nicht gekoppelter Erbgang). Das Gen für die Blutgruppe liegt in drei verschiedenen Allelen vor. Jeder Mensch hat jedoch für die Blutgruppe nur zwei Allele. Eine weitere Besonderheit des AB0-Systems liegt darin, dass die Allele A und B gleich stark ausgeprägt sind. Im Genotyp AB sind sie also *kodominant,* sie verhalten sich dominant gegenüber dem Allel 0. Bei den vier Phänotypen A, B, AB und 0 kommen demnach sechs verschiedene Genotypen vor.

Beispiel: Rhesusfaktor. Bei mehr als 80 % der Europäer befindet sich auf den roten Blutkörperchen das Antigen D, sie sind Rhesus-positiv. Das Allel für den Rhesusfaktor verhält sich dominant, Menschen mit Rhesusfaktor haben also den Genotyp DD oder Dd, Nichtträger den Genotyp dd. (↗ Immunbiologie, S. 126 f.)

Blutgruppen (Phänotyp)	mögliche Genotypen/ Häufigkeit in Mitteleuropa		mögliche Keimzellen
A	AA	31 %	nur A
	A0	11 %	A oder 0
B	BB	1%	nur B
	B0	14%	B oder 0
AB	AB	6 %	A oder B
0	00	37 %	nur 0

mögliche Kombinationen elterlicher Allele

	A	B	0
A	AA	AB	A0
B	AB	BB	B0
0	A0	B0	00

Genotypen der Nachkommen

Blutgruppen und ihre Erbgänge

Familienforschung

Sie ermöglicht es, anhand von Stammbaumuntersuchungen den Erbgang eines bestimmten Merkmals zu verfolgen. Tritt dabei ein Merkmal über Generationen hinweg gehäuft auf, kann man vermuten, dass es erblich ist. Aus der Art, wie das Merkmal bei Vorfahren und Nachkommen auftritt, kann man auf Dominanz oder Rezessivität der Allele schließen.

Autosomal-rezessiver Erbgang – Beispiel: Albinismus. Das Fehlen von Pigmenten in Haut, Haaren und Iris bezeichnet man als Albinismus. Der Stammbaum einer Familie zeigt, dass die Kinder von merkmalsfreien Eltern Albinos sein können. Die Eltern müssen also die Erbanlagen besitzen, das Allel für Albinismus verhält sich rezessiv.

Rezessive Anlagen können über viele Generationen hinweg verborgen bleiben. Erst bei Homozygotie, wenn also zwei rezessive Allele zusammenkommen, treten sie phänotypisch in Erscheinung.

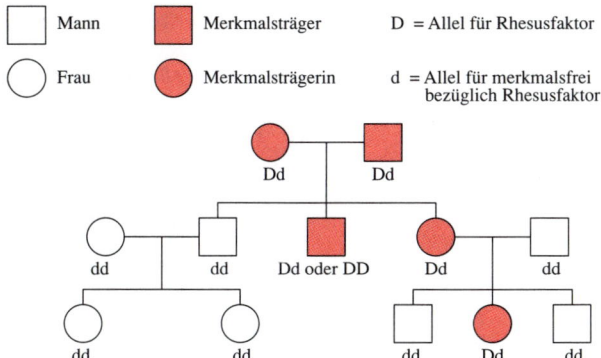

Erbgang: Rhesusfaktor einer Familie

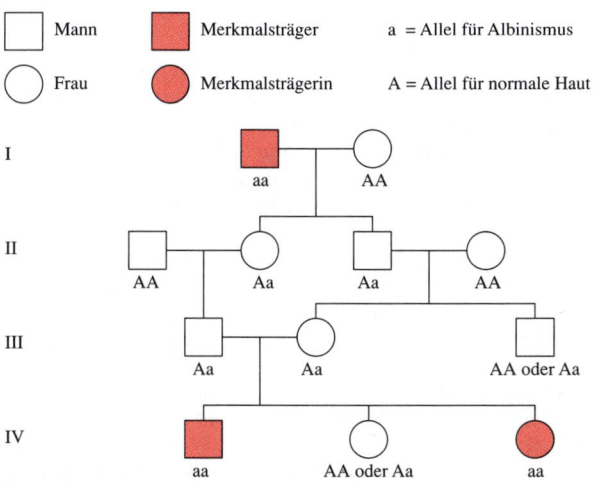

Autosomal-rezessiver Erbgang einer Familie (Beispiel: Albinismus)

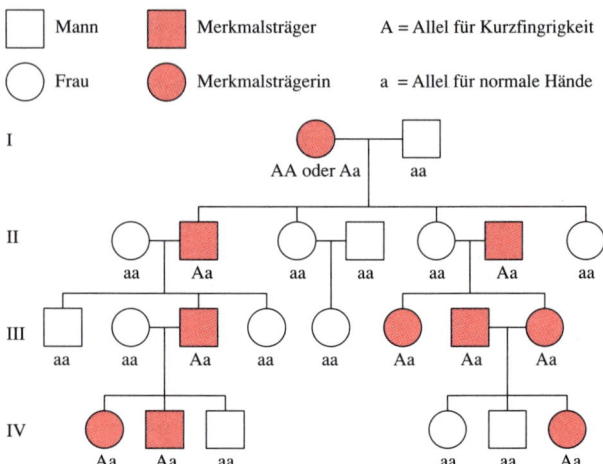

Autosomal-dominanter Erbgang einer Familie (Beispiel: Kurzfingrigkeit)

Weitere Beispiele für autosomal-rezessive Erbgänge sind die Stoffwechselkrankheiten Phenylketonurie, Milchunverträglichkeit und Mukoviszidose.

Autosomal-dominanter Erbgang – Beispiel: Kurzfingrigkeit. Bei dieser Erbkrankheit treten durch Verwachsen zweier Fingerglieder verkürzte Fingerknochen auf. Der Stammbaum einer Familie zeigt, dass Kinder von merkmalstragenden Eltern auch gesunde Kinder haben. Es muss also eine dominante Vererbung dieses Merkmals vorliegen. Würde die Krankheit rezessiv vererbt, müssten beide Elter reinerbige Merkmalsträger sein, damit die Krankheit bei ihnen auftritt. Als reinerbig rezessive Merkmalsträger könnten sie jedoch keine merkmalsfreien Kinder haben. Weitere Beispiele für autosomal-dominante Erbkrankheiten sind Spaltfuß, Vielfingrigkeit und Chorea HUNTINGTON (Veitstanz).

X-chromosomal-rezessiver Erbgang – Beispiel: Rotgrünsehschwäche. Die Erbanlagen für die Unterscheidung der Farben

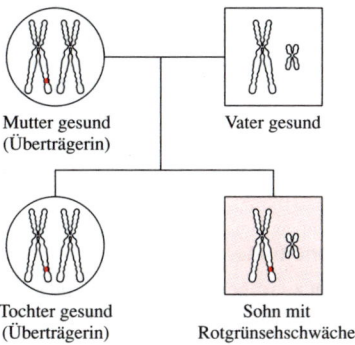

● = rezessive Anlage für Rotgrünsehschwäche auf dem X-Chromosom

Mutter gesund
(Überträgerin)

Vater gesund

Tochter gesund
(Überträgerin)

Sohn mit
Rotgrünsehschwäche

X-chromosomal-rezessiver Erbgang (Beispiel: Rotgrünsehschwäche)

Grün und Rot werden gonosomal (an Geschlechtschromosomen gebunden) vererbt und liegen auf dem X-Chromosom. Rotgrünsehschwäche wird rezessiv vererbt. Da Frauen zwei, Männer nur ein X-Chromosom besitzen, wirkt sich die X-chromosomale Vererbung bei Mann und Frau verschieden aus. Männer sind rotgrünsehschwach, wenn sie von ihrer Mutter das rezessive Allel vererbt bekommen. Frauen sind bei einem rezessiven Allel auf nur einem X-Chromosom merkmalsfrei, können die Anlage aber als Konduktorin übertragen. Frauen sind nur dann rotgrünsehschwach, wenn beide X-Chromosomen das rezessive Allel tragen. Die Bluterkrankheit ist ein weiteres Beispiel für eine X-chromosomal-rezessive Erbkrankheit.
Zu den *X-chromosomal-dominanten Erbkrankheiten* zählen Verwachsungen im Mundbereich und Vitamin-D-resistente Rachitis.

Zwillingsforschung
Eineiige Zwillinge haben im Unterschied zu zweieiigen Zwillingen den gleichen Genotyp. Ihre Bedeutung für die Genetik liegt in dieser Gleichheit des Erbguts. Die phänotypischen Unter-

schiede, die sie aufweisen, müssen auf Umwelteinflüsse zurückzuführen sein. Manche Merkmale wie Augenfarbe und Blutgruppe sind umweltstabil. Merkmale, die nur bei einem der beiden eineiigen Zwillinge vorkommen, sind nicht erblich, sondern umweltbedingt. So hängt z. B. das Körpergewicht stark vom Umweltfaktor Ernährung ab. Besonders der Vergleich von getrennt und gemeinsam aufgewachsenen eineiigen Zwillingen lässt Rückschlüsse zu, wie die Umwelt körperliche und geistige Merkmale beeinflusst.

4.2 Chromosomenanomalien

Man unterscheidet zwischen numerischen und strukturellen Abweichungen (Aberrationen) der Chromosomen, die beide Erbkrankheiten verursachen können. (↗ Mutation, S. 101)

- *Strukturelle Aberrationen* sind Veränderungen in der Gestalt eines Chromosoms. So beruht das so genannte Katzenschrei-Syndrom, bei dem geistige und körperliche Unterentwicklung vorliegt, auf dem Verlust eines Stückes (Deletion) des 5. Chromosoms.
- *Numerische Aberrationen* sind Veränderungen in der Chromosomenanzahl (Genom-Mutation). Beim Down-Syndrom (Trisomie 21), bei dem es zu körperlichen Anomalien und geistiger Behinderung kommt, liegt das Chromosom 21 dreifach vor.
- *Gonosomale Aberrationen* beruhen auf fehlenden oder überzähligen Geschlechtschromosomen. So haben Frauen mit Turner-Syndrom nur ein X-Chromosom (Chromosomensatz 45; X0-Typ). Dies führt zu Kleinwuchs und Unfruchtbarkeit. Männer mit Klinefelter-Syndrom besitzen zwei X Chromosomen (Chromosomensatz 47; XXY-Typ), was zu überdurchschnittlicher Körpergröße und fehlender Spermabildung führt.

4.3 Genetische Beratung

Genetische Beratungsstellen informieren über mögliche genetische Risiken. Eine Beratung ist dort angezeigt, wo in der Familie bereits Erbkrankheiten vorliegen, bei Verwandtenehen, bei erhöhtem Alter der Eltern oder bei schädlichen Umwelteinflüssen vor oder während der Schwangerschaft.

- Bei der *Stammbaumanalyse* wird das Risiko nach Wahrscheinlichkeit abgeschätzt. Beim *Heterozygotentest* lassen sich anhand von Mikrosymptomen rezessive Stoffwechselerkrankungen auch bei heterozygoten Überträgern nachweisen (Beispiel: Phenylketonurie).
- Zur *pränatalen Diagnostik* (vorgeburtliche Untersuchung) zählen Blutuntersuchungen der Mutter, Ultraschalluntersuchungen und sog. invasive Methoden, die Amniozentese, bei der man Fruchtwasser entnimmt und darin vorkommende Zellen des Fetus untersucht, und die Chorionbiopsie, bei der Zellen der äußeren Embryohülle (Chorion) entnommen werden.

5 Angewandte Genetik

Maßnahmen, die dazu dienen, Eigenschaften von Kulturpflanzen und Nutztieren zu erhalten oder zu verbessern (Ertragssteigerung, Qualitätsverbesserung, Erhöhung der Widerstandsfähigkeit etc.), nennt man Züchtung.

5.1 Klassische Züchtungsmethoden

Ausleseszüchtung. Individuen mit den gewünschten Merkmalen werden ausgewählt und zur Fortpflanzung gebracht. Bei vegetativer Vermehrung ist die Individualauslese rasch erfolgreich, da die Individuen hier einen Klon bilden, also genetisch gleich sind.

Kombinationszüchtung. Hierbei werden gewünschte Merkmale im Sinne der MENDELschen Regeln gezielt kombiniert. Häufig erzielt man die erwünschte reinerbige Merkmalskombination durch Inzucht über mehrere Generationen. Beispiel: Kombination von Winterhärte und Ertragssteigerung beim Panzerweizen.

Hybrid- oder Heterosiszüchtung. Sie beruht darauf, dass bei der Kreuzung zweier nahezu homozygoter Inzuchtlinien die F_1-Generation (F_1-Hybriden) eine auffallende Mehrleistung erbringt (Heterosiseffekt). Beispiele: Mais- und Hybridschweinezucht.

5.2 Moderne Verfahren der Züchtung

Mutationszüchtung. Mutationen werden durch mutagene Substanzen oder Röntgenstrahlen experimentell ausgelöst. Unter den zahlreichen Mutanten gibt es auch wenige, die gewünschte Merkmalsänderungen zeigen und deshalb weitergezüchtet werden. Beispiele: Mais mit hohem Anteil an essentiellen Aminosäuren.

Zell- und Gewebekulturen. Aus einzelnen Zellen oder Geweben lassen sich bei manchen Arten vollständige Pflanzen oder Tiere heranziehen. Beispiele: Kultur von Staubbeuteln (Antheren) bei Tabakpflanzen, Klonung embryonaler Zellen und Embryotransfer bei Hochleistungsrindern.

5.3 Gentechnik

Unter Gentechnik versteht man die gezielte Übertragung von Genen in das Genom einer Zelle oder eines Organismus. Beispiele für gentechnisch veränderte (transgene) Lebewesen mit artfremden Genen sind Coli-Bakterien mit menschlichem Insulin-Gen, Karpfen mit Forellen-Wachstumsgenen und herbizidresistente Baumwolle.

Werkzeuge der Gentechnik sind:
- *Restriktionsenzyme* (Schneideenzyme), die DNA an festgelegten Stellen aufspalten und in Spaltstücke zerlegen,
- *Ligasen* (Verknüpfungsenzyme), die die fremde DNA an den „klebrigen Enden" (sticky ends) der Wirts-DNA einbauen,
- *Vektoren,* das sind Transportsysteme, die die fremde DNA in die Zelle einschleusen (z. B. Viren oder Bakterien-Plasmide).

Gen-Transfer. Das Prinzip des Gen-Transfers wird in der Grafik am Beispiel der Insulin-Bildung durch gentechnisch veränderte Coli-Bakterien aufgezeigt:

Das *Genomprojekt* versucht die vollständige Basensequenz aller Chromosomen des Menschen zu analysieren und damit eine exakte Genkarte des menschlichen Genoms zu diagnostizieren.

Chancen und Risiken der Gentechnik werden kontrovers diskutiert. Nutzpflanzen und -tiere können gentechnisch optimiert

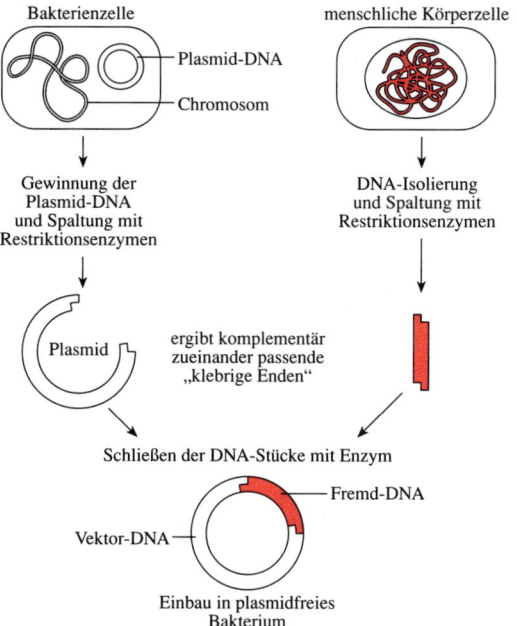

Prinzip der Genübertragung

werden. Mit Hilfe der Gentechnik lassen sich Erbkrankheiten verlässlich feststellen, vorhersagen und behandeln sowie neuartige Arzneimittel herstellen. In Zukunft werden auch einzelne Gene des Menschen gezielt verändert werden können.

Risiken können z. B. entstehen, wenn gentechnisch veränderte Mikroorganismen unkontrolliert freigesetzt und ihre neuen Gene auf andere Organismen übertragen werden oder wenn das Wissen über die Erbinformation eines Menschen missbraucht wird. Bei der Risikoabschätzung sind die Naturwissenschaftler gefragt, die Diskussion der ethischen Normen und der gesetzlichen Grundlagen ist eine gesellschaftliche Aufgabe.

Alles klar?

- Methoden und Ergebnisse der MENDELschen Erbversuche
- Methoden und Ergebnisse der Drosophila-Genetik
- Belege für die Chromosomentheorie der Vererbung
- Experimente, die belegen, dass die DNA stoffliche Grundlage der Erbinformation ist
- Mutation und Modifikation im Vergleich
- Mitose und Meiose im Vergleich
- Bedeutung der Meiose für Vererbung und Evolution
- Umsetzung der Erbinformation durch die Proteinbiosynthese
- Ablesen der Code-Sonne und Übersetzen in „Peptidschrift" (Aminosäuresequenz)
- Interpretation von Erbgängen
- Methoden und Erkenntnisse der Humangenetik
- Klassische und moderne Verfahren der Züchtung
- Chancen und Risiken der Gentechnik

Immunbiologie

Neben einer allgemeinen (unspezifischen) Abwehr besitzen Wirbeltiere und Mensch eine spezifische Abwehrreaktion gegen körperfremde Makromoleküle und Mikroorganismen. Dabei können gegen die als Antigene bezeichneten Fremdstoffe Antikörper gebildet werden.

1 Infektion und unspezifische Abwehr beim Menschen

1.1 Infektionskrankheiten

Krankheiten, die durch Erreger ausgelöst werden, nennt man Infektionskrankheiten. Eine solche Ansteckung (Infektion) kann durch Viren, Bakterien, Pilze, Einzeller oder Würmer hervorgerufen werden. Krankheitserreger schädigen den Körper vor allem durch Giftstoffe (Toxine). Die Zeitspanne von der Infektion bis zum Auftreten der Beschwerden bezeichnet man als Inkubationszeit, die typischen Anzeichen einer Krankheit als Symptome.

1.2 Allgemeiner Schutz (Resistenz)

Der menschliche Körper verfügt über verschiedene *unspezifische* Abwehrmechanismen (Resistenz). Den äußeren Schutz bildet die Haut. Flimmerhaare (Cilien) der Schleimhäute transportieren Eindringlinge aus den Atemwegen, der Schleim enthält Eiweiß spaltende Enzyme. Magensäure, Speichel und Tränenflüssigkeit wirken desinfizierend, mit dem Harn werden Erreger ausgespült. Bestimmte weiße Blutkörperchen, die Fresszellen (Makrophagen), umschließen eingedrungene Mikroorganismen und Viren und lösen sie auf.

2 Spezifische Abwehr

Gelingt es der unspezifischen Abwehr nicht, Erreger unschädlich zu machen, gelangen diese mit dem Lymphstrom zu den Lymphorganen. Hier werden die Antigene von den *Lymphozyten* erkannt und es setzt eine spezifische Immunreaktion ein.

3 Das System der körpereigenen Abwehr

Weiße Blutkörperchen (Leukozyten) bilden das Hauptabwehrsystem des Körpers gegen Erreger und Fremdstoffe. Sie gehen durch Teilung aus Stammzellen im roten Knochenmark hervor. Leukozyten sind amöboid beweglich und können die Kapillarwände durchdringen. Man unterscheidet mehrere Arten weißer Blutkörperchen: unspezifisch reagierende Granulozyten und Monozyten (zu denen auch die Makrophagen zählen) und spezifisch abwehrende Lymphozyten.

Das *Lymphsystem* ist ein wesentlicher Teil des Abwehrsystems und besteht aus den primären Lymphorganen (Thymusdrüse und rotes Knochenmark) und den sekundären Lymphorganen (Lymphknoten, Milz, Wurmfortsatz und Mandeln), wo die Lymphozyten heranreifen. In den Lymphorganen findet wie auch im Blut die Antikörperbildung durch Lymphozyten statt. (↗ Stoffwechsel, S. 48)

Bei unspezifischer und spezifischer Abwehr wird zwischen humoraler und zellulärer Abwehr unterschieden.

◆ Zum *humoralen Abwehrsystem* in Körperflüssigkeiten (humor = Flüssigkeit) zählen Abwehrstoffe wie Lysozym, Interferone gegen Viren und das Komplementsystem mit inaktiven Enzymvorstufen, das die Immunreaktionen ergänzt, sowie die Antikörper bildenden B-Lymphozyten. Mit dem humoralen Abwehrsystem bekämpft der Körper extrazelluläre Erreger.

◆ Zum *zellulären Abwehrsystem* rechnet man die unspezifischen Granulozyten und Monozyten in Blut, Lymphe und Geweben, die Antigene tragende Zellen über Phagozytose und Pinozytose auflösen, sowie die spezifischen T-Lymphozyten, die infizierte Zellen zerstören. (↗ Zellbiologie, S. 15)

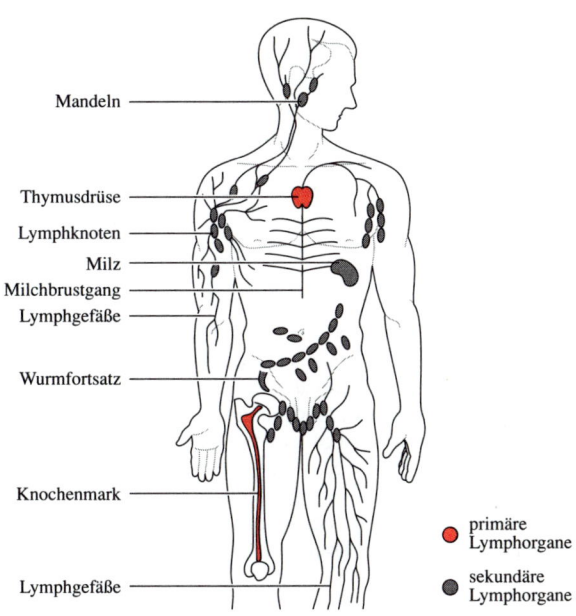

| Mandeln |
| Thymusdrüse |
| Lymphknoten |
| Milz |
| Milchbrustgang |
| Lymphgefäße |
| Wurmfortsatz |
| Knochenmark |
| Lymphgefäße |

● primäre Lymphorgane

● sekundäre Lymphorgane

Lymphorgane des Menschen

3.1 Lymphozyten

Rund 25 % der Leukozyten sind Lymphozyten. Im Blut und in der Lymphe sind sie frei beweglich, in den lymphatischen Organen stationär. Die jeweils benötigten Lymphozyten müssen zuerst vermehrt werden. Es entstehen:

♦ *B-Lymphozyten,* die zur Teilung angeregt werden, wenn sie mit passenden Antigenen in Berührung kommen. Sie differenzieren sich zu Plasmazellen, die spezifische Antikörper gegen die Erreger bilden. Die Antikörper heften sich an die Antigene. Der Antikörper-Antigen-Komplex kann von Fresszellen leichter aufgenommen werden.

- *T-Lymphozyten,* die als Killerzellen in Körperzellen eingedrungene Erreger angreifen und unschädlich machen.
  Bestimmte T-Lymphozyten werden zu *T-Helferzellen,* die die Plasmazellen zur Vermehrung veranlassen.
- Andere T-Lymphozyten und B-Lymphozyten bleiben als *Gedächtniszellen* viele Jahre erhalten. Bei einem erneuten Kontakt mit dem Antigen vermehren sie sich rasch und verleihen dem Körper Immunität gegen den Erreger. Damit kann die betreffende Krankheit nicht mehr ausbrechen.

3.2 Antikörper

Antikörper sind globuläre Eiweiße, Immunglobuline genannt, die von B-Lymphozyten speziell gegen ein jeweiliges Antigen gebildet werden. Die häufigsten Immunglobuline sind vom Typ Immunglobulin G (IgG). Ein solches Molekül besteht aus vier Y-förmig angeordneten Polypetidketten, je zwei leichten und zwei schweren, die über Sulfidbrücken miteinander verbunden sind. Innerhalb der Ketten gibt es einen Bereich, wo die Aminosäuresequenz konstant ist. An den beiden Gabelenden ist die Sequenz variabel. Hier können sich die IgG-Moleküle mit einem bestimmten Teil des entsprechenden Antigens, dem Epitop, verbinden.

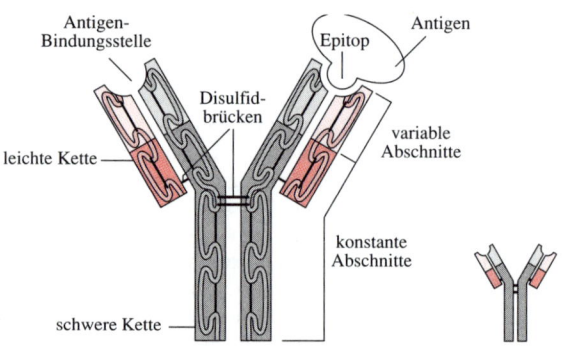

Immunglobulin-G-Molekül

3.3 Der Ablauf der Immunreaktion (Immunantwort)

Erkennungsphase. Dringt ein als Antigen wirkender Fremdstoff in den Körper ein, wird er von Makrophagen umschlossen und abgebaut (phagozytiert). Bruchstücke des Antigens werden an die Membranproteine in den Fresszellen gebunden. Dadurch werden die MHC-Proteine (Major-Histocompatibility-Complex, Gewebsverträglichkeit-Komplex) in der Fresszellenmembran verändert und ruhenden passenden T- oder B-Lymphozyten präsentiert, die sich nun vermehrt teilen.

Differenzierungsphase. Die T-Lymphozyten vermehren und differenzieren sich zu T-Killerzellen, T-Suppressorzellen und T-Helferzellen. T-Helferzellen bilden Gewebshormone (Interleukine) zur Stimulierung der B-Lymphozyten. Die B-Lymphozyten vermehren sich und differenzieren sich zu Plasmazellen, die nun Antikörper produzieren. T-Killerzellen erkennen und zerstören körpereigene infizierte Zellen bzw. körperfremde Zellen. Einige B- und T-Lymphozyten entwickeln sich zu langlebigen Gedächtniszellen.

Wirkungsphase. Antikörper und Epitope der Antigene verbinden sich zu Antigen-Antikörper-Komplexen. Phagozytierende Zellen nehmen die Komplexe auf und bauen sie enzymatisch ab.

Abschaltphase. T-Suppressorzellen beenden die Antikörperbildung.

Auch *Mastzellen* sind an den Immunreaktionen beteiligt. Diese im Bindegewebe vorkommende Lymphozyten mit hohem Gehalt an Histaminen erweitern die Blutgefäße und verbessern die Durchblutung. Hierdurch kommt es z. B. bei lokaler Schädigung durch Mikroorganismen oder Giftstoffe zu einer intensiven örtlichen Immunreaktion, die als Entzündung mit Erwärmung und Rötung erkennbar wird.

3.4 Erst- und Zweitinfektion (Immungedächtnis)

Nachdem Antigene in den Körper eingedrungen sind, dauert es rund zwei Tage, bis als Primärantwort im Blut Antikörper nachgewiesen werden können. Infiziert man sich ein zweites Mal,

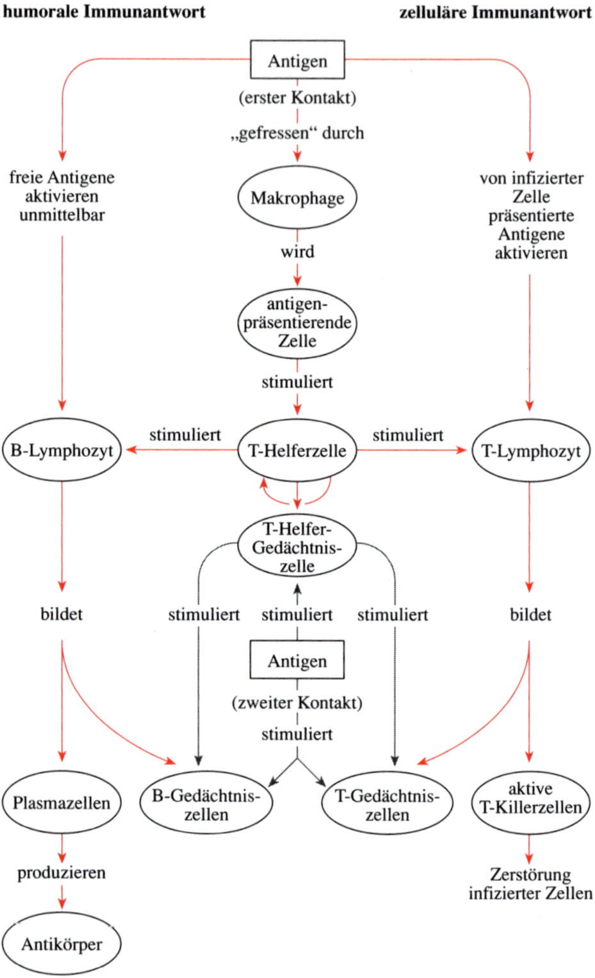

humorale Immunantwort **zelluläre Immunantwort**

Antigen
(erster Kontakt)

„gefressen" durch

freie Antigene
aktivieren
unmittelbar

Makrophage

von infizierter
Zelle
präsentierte
Antigene
aktivieren

wird

antigen-
präsentierende
Zelle

stimuliert

B-Lymphozyt ← stimuliert → T-Helferzelle ← stimuliert → T-Lymphozyt

T-Helfer-
Gedächtnis-
zelle

bildet   stimuliert   stimuliert   stimuliert   bildet

Antigen
(zweiter Kontakt)

stimuliert

Plasmazellen   B-Gedächtnis-
zellen   T-Gedächtnis-
zellen   aktive
T-Killerzellen

produzieren

Zerstörung
infizierter Zellen

Antikörper

Primäre (rot) und sekundäre (grau) Immunantwort im Überblick

treffen die Antigene auf bereits vorhandene Gedächtniszellen, die sich nun rasch teilen und vermehrt Antikörper bilden. Die zweite Immunreaktion (Sekundärantwort) verläuft daher viel schneller als die erste, sodass meist keine Krankheitssymptome auftreten.

4 Angewandte Immunbiologie

4.1 Schutzimpfungen

Passive Immunisierung. Hierbei wird ein Heilserum geimpft, das Antikörper gegen einen ganz bestimmten Krankheitserreger enthält. Diese Immunisierung unterstützt die körpereigene Abwehr, nachdem eine Infektionskrankheit bereits ausgebrochen ist. Der passive Impfschutz durch fremde Immunglobuline hält nur kurze Zeit an.

Die Antikörper hierfür werden aus dem Blutserum von Tieren gewonnen. Gegen diese körperfremden Eiweiße kommt es zu einer Abwehrreaktion. Bei einer zweiten Behandlung kann es daher zu einer heftigen Reaktion kommen, die zu einem anaphylaktischen Schock führen kann.

Aktive Immunisierung. Diese Form der Immunisierung wendet man als Vorbeugung gegen Infektionskrankheiten an. Man impft abgeschwächte oder abgetötete Erreger oder deren Toxin, was zu einer körpereigenen Antikörperbildung führt. Durch die Gedächtniszellen kann dies zu einer lebenslangen Immunität führen.

4.2 Organtransplantation

Das Immunsystem kann bei Transplantationen fremdes und eigenes Gewebe unterscheiden, da die Zellmembranen durch MHC-Proteine gekennzeichnet sind. Diese Proteine, sog. Transplantationsantigene, sind für jeden Menschen charakteristisch. T-Lymphozyten und Makrophagen kontrollieren diese Membranproteine und erkennen fremdes Spendergewebe, das sie sofort angreifen. Die Stärke der einsetzenden Abstoßungsreaktion hängt vom Grad der Übereinstimmung der Transplantationsantigene von Spender und Empfänger ab.

Bei unvollständiger Übereinstimmung muss die Immunreaktion durch immunsuppressive Stoffe blockiert werden, um das Transplantat zu schützen. Dies führt dann aber zu einer Verringerung anderer Immunreaktionen.

5 Versagen der Körperabwehr

Immunschwäche (Immundefizienz) kann auf angeborenem Lymphozyten- oder Antikörpermangel beruhen, sie kann aber auch als Folge einer Infektion auftreten (erworbene Immunschwäche).

5.1 Aids

Aids (Acquired Immunodeficiency Syndrome) ist eine erworbene Immunschwächekrankheit. Der Erreger, das HI-Virus (Human Immunodeficiency Virus), wird mit Körperflüssigkeiten wie Blut und Sperma übertragen. Hauptübertragungswege sind daher Geschlechtsverkehr ohne Kondom und die gemeinsame Verwendung von Injektionsspritzen bei Drogenabhängigen.

Das HI-Virus gehört zu den RNA-Viren (Retroviren). Ihre RNA wird in den befallenen Zellen durch das Enzym *Reverse Transkriptase* in DNA umgebaut und als Virus-DNA in die DNA von T-Helferzellen eingebaut. Hier kann die Virus-Erbinformation jahrelang ruhen, bis es schließlich doch zu einer Vermehrung der Viren kommt. Die dadurch veränderten T-Helferzellen werden von T-Killerzellen zerstört. Bei einer zu geringen Zahl an T-Helferzellen bricht das Abwehrsystem zusammen. Der Patient erkrankt an Folgeinfektionen mit anderen Krankheitserregern, sog. opportunistischen Erregern.

5.2 Allergien

Eine Allergie ist eine übermäßige Abwehrreaktion des Körpers auf Antigene, die eigentlich harmlose Stoffe sind. Solche Allergene können Blütenstaub, Chemikalien, Nahrungsmittel und vieles andere sein. Der Verzehr, das Einatmen oder Berühren eines Allergens kann die Allergie auslösen.

Plasmazellen produzieren vermehrt Antikörper vom Typ IgE.

Daraufhin setzen Mastzellen vermehrt das Gewebshormon Histamin frei. Histamin erweitert die Blutgefäße, lässt die Schleimhäute anschwellen und verengt die Bronchien.

Richtet sich die übermäßige Abwehrreaktion gegen körpereigene Zellen und Proteine, liegt eine Autoimmunkrankheit vor.

5.3 Krebs

Bösartige Geschwülste oder Karzinome werden als Krebs bezeichnet. Zellen vermehren sich ungehemmt und zerstören gesundes Gewebe. Über die Blutbahn gelangen Krebszellen in den Körper und können Tochtergeschwülste (Metastasen) bilden. Normalerweise werden Krebszellen von T-Killerzellen zerstört. Auslösende Faktoren für eine Krebserkrankung können erbliche Veranlagung, Viren oder Umwelteinflüsse wie Rauchen oder intensives Sonnenbaden sein.

Alles klar?

– Unspezifische Abwehr und spezifische Immunreaktion
– Ablauf einer Immunreaktion
– Passive und aktive Immunisierung
– Versagen der Immunabwehr

Neurobiologie

Die Fähigkeit der Aufnahme, Verarbeitung und Beantwortung von Reizen (Reizbarkeit) ist ein wesentliches Merkmal aller Lebewesen. Durch den Besitz eines Nervensystems allerdings unterscheiden sich der Mensch und der größte Teil der vielzelligen Tiere von der Pflanzenwelt. Reize erregen Sinneszellen (Rezeptoren). Bei komplizierteren Gebilden aus vielen Rezeptoren und zugehörigen Hilfsstrukturen spricht man von Sinnesorganen. Nerven leiten die Informationen zu einer zentralen Verrechnungsstelle, bei höher entwickelten Lebewesen meist zum Gehirn. Nach Auswertung der Information laufen von dort aus Befehle zu den Erfolgsorganen (Muskeln und Drüsen). Ein Teil der Information wird gespeichert. An der Weiterverarbeitung der Informationen ist auch das Hormonsystem beteiligt.

1 Bau und Funktion von Nervenzellen

1.1 Das Neuron

Nervenzellen (Neuronen) sind für die Aufnahme, Weiterleitung und Verarbeitung von Informationen zuständig. Ihr Aufbau unterscheidet sich je nach ihrer Aufgabe erheblich, ihre Länge reicht von wenigen Mikrometern bis zu über einem Meter. Gemeinsam sind den meisten folgende Grundstrukturen:

- Der *Zellkörper* (Soma, Perikaryon) enthält den Zellkern, den Großteil des Cytoplasmas und wichtige Organellen.
- Am Zellkörper entspringen viele fein verzweigte kurze Fortsätze, die *Dendriten.*
- Vom Axonhügel, einem kegelförmigen Bereich am Zellkörper, geht ein langer dünner Zellfortsatz aus, das *Axon* (Neurit). An

dessen Ende liegt eine Verzweigungsregion mit verdickten Endigungen, den synaptischen Endknöpfchen. Bei Wirbeltieren und Mensch gibt es markhaltige und marklose Axone. Markhaltige Axone sind von einer Markscheide umgeben, die von den SCHWANNschen Zellen gebildet wird. Ihre Zellmembranen bilden eine eiweiß- und lipidreiche Myelinhülle. Zwischen den einzelnen Hüllzellen bleiben in Millimeterabständen kleine Lücken, die RANVIERschen Schnürringe. Das Axon mit den Hüllzellen wird als *Nervenfaser* bezeichnet. Viele Nervenfasern sind gebündelt von Bindegewebe umgeben und bilden zusammen einen *Nerv*.

◆ Jedes Neuron ist mit anderen Nerven-, Muskel- oder Drüsenzellen verbunden. Die Kontaktstellen heißen *Synapsen*. Zwischen einem Endknöpfchen des Axons und der Folgezelle liegt ein winziger synaptischer Spalt. An einem Neuron enden meist Axone zahlreicher anderer Nervenzellen, während sein Axon selbst wiederum Synapsen mit vielen anderen Zellen bildet. Ein Neuron kann so bis zu 10 000 Synapsen haben.

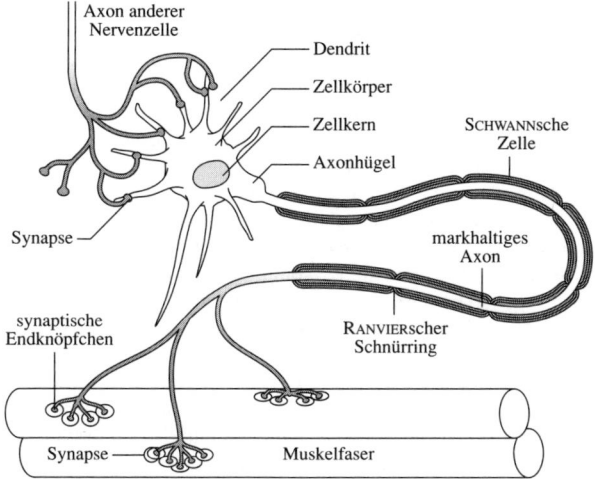

Bau einer markhaltigen Nervenzelle

1.2 Ruhepotential und Aktionspotential

Aufnahme und Weiterleitung von Reizen sind an elektrische Vorgänge gekoppelt, die das Vorhandensein beweglicher Ladungsträger wie Ionen voraussetzen. Änderungen der Membranspannung der Nervenzelle übermitteln die Informationen.

Ruhepotential. Das Messen des Membranpotentials ist mit winzigen Mikroelektroden möglich. Bei der intrazellulären Ableitung der Spannung wird eine Messelektrode in das Axon eingestochen. Die Bezugselektrode bleibt im Außenmedium, der extrazellulären Flüssigkeit, die die Nervenzellen umgibt. Über einen Verstärker sind die Elektroden mit dem Oszilloskop verbunden, das den Spannungsverlauf anzeigt.

Am ungereizten Axon besteht zwischen der Innenseite der Zellmembran und der Zelloberfläche eine elektrische Spannung, die als Ruhepotential (RP) bezeichnet wird. Beim Ruhepotential ergibt sich gegenüber dem Außenmedium eine Potentialdifferenz von etwa 80 mV (Millivolt). Die negative Spannung liegt innen, das Ruhepotential wird mit -80 mV angegeben.

Nach der Ionentheorie ist die Ursache des Ruhepotentials die unterschiedliche Ionenverteilung innerhalb und außerhalb des Nervenzelle sowie die selektive Durchlässigkeit der Membran für verschiedene Ionen. Innerhalb des Neurons ist die Konzentration der Kaliumionen (K^+) und der Protein-Anionen hoch, während außen die Konzentration der Natriumionen (Na^+) und der Chloridionen (Cl^-) hoch ist. Im ungereizten Zustand ist die Membran für K^+-Ionen gut durchlässig, für Na^+-Ionen sehr schlecht und für Protein-Anionen gar nicht. Aufgrund der unterschiedlichen Ionenkonzentration besteht zwar ein Diffusionsgefälle, doch nur die K^+-Ionen können durch die Membran nach außen. Es ergibt sich also außen ein Überschuss an positiven Ionen. Das Ruhepotential ist somit ein Kaliumdiffusionspotential.

Natrium-Kalium-Pumpe. In Wirklichkeit strömen verlangsamt auch andere Ionen durch die Membran, sodass Konzentrationsunterschiede allmählich ausgeglichen und das Membranpotential abgebaut würde. Mit Hilfe von Trägermolekülen in der Membran (Ionenpumpen) hält das Neuron das Ruhepotential aufrecht. Die Na$^+$-K$^+$-Pumpe transportiert unter Energieverbrauch Na$^+$-Ionen nach außen und K$^+$-Ionen nach innen.

Aktionspotential. Wird die Axonmembran stark genug gereizt (depolarisiert), nimmt die Durchlässigkeit für Na$^+$-Ionen kurzzeitig stark zu. Spannungsabhängige Na$^+$-Kanäle in der Membran öffnen sich, Na$^+$-Ionen strömen in die Zelle, die Spannung zwischen innen und außen geht auf null zurück, die Ladungsverhältnisse werden sogar umgekehrt. Auf dem Oszilloskop erkennt man den typischen Verlauf eines Aktionspotentials (AP):

- *Depolarisation:* Das Ruhepotential wird bis zu einem Schwellenwert erniedrigt, die Spannung verringert sich bis zur Ladungsumkehr.
- *Repolarisation:* Das Ruhepotential wird wieder aufgebaut. Dazu werden die Na$^+$-Kanäle wieder geschlossen, K$^+$-Kanäle öffnen sich.
- *Hyperpolarisation:* Der erhöhte K$^+$-Ausstrom schießt kurzzeitig etwas über den des Ruhewertes hinaus, sodass die Spannung vorübergehend niedriger als − 80 mV ist.

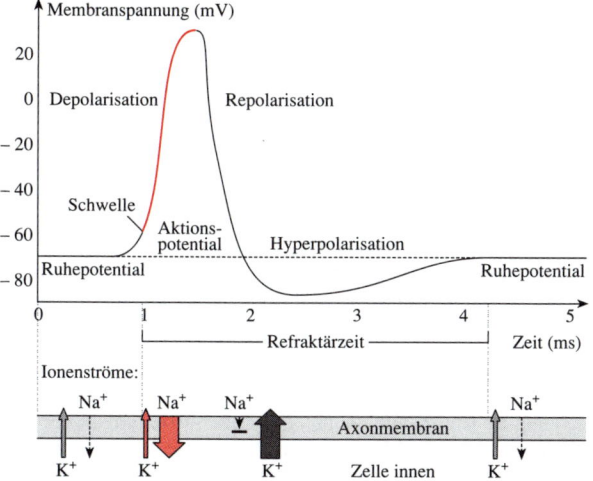

Verlauf eines Aktionspotentials

APs werden nur ausgelöst, wenn ein bestimmter Schwellenwert erreicht ist. Stärkere Depolarisationen verändern den Verlauf nicht, das AP folgt dem Alles-oder-nichts-Gesetz. Ein einzelnes Aktionspotential dauert 1-2 Millisekunden (ms). Die Zeit von der Öffnung der Na^+-Kanäle bis zur Wiederherstellung des Ruhepotentials wird als *Refraktärzeit* bezeichnet. In dieser Zeit kann kein neues AP entstehen.

1.3 Erregungsleitung

Die Weiterleitung von APs über die Axone nennt man Erregungsleitung.

Kontinuierliche Erregungsleitung. Bei Axonen ohne Markscheide stoßen an einem gereizten Membranbereich entgegengesetzt geladene Zonen aneinander. Ausgleichsströmchen fließen, die die Membran im benachbarten Bereich depolarisieren. Ein neues Aktionspotential entsteht und damit liegen wiederum unterschiedliche Ladungen nebeneinander. Die Erregung wird so kontinuierlich weitergeleitet.

Saltatorische Erregungsleitung. Bei markhaltigen Axonen können nur an den RANVIERschen Schnürringen Aktionspotentiale ausgebildet werden. Die Ausgleichsströmchen überbrücken sehr schnell die isolierenden Myelinbereiche. Die neu entstehenden APs springen gewissermaßen von Schnürring zu Schnürring. Die saltatorische Erregungsleitung ist schneller und energiesparender.

Die Richtung der Erregungsleitung ist festgelegt und nicht umkehrbar, weil die Membran unmittelbar nach dem AP an diesem Ort nicht erregbar ist. Die *extrazelluläre Ableitung* der Spannung, bei der beide Messelektroden im Außenmedium angelegt sind, ermöglicht die Messung der Geschwindigkeit der Erregungsleitung.

1.4 Vorgänge an der Synapse

Synapsen sind Kontaktstellen, an denen Erregungen von einem Neuron auf ein anderes Neuron oder eine Muskel- oder Drüsenzelle übertragen werden. Dabei werden elektrische Signale (APs) mit Hilfe von Überträgerstoffen (Transmitter) in chemi-

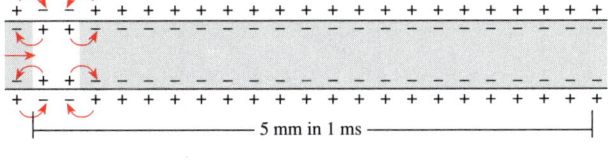

kontinuierliche Erregungsleitung

⟵ 5 mm in 1 ms ⟶

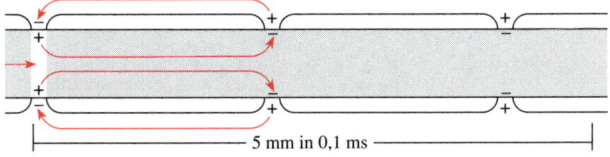

saltatorische Erregungsleitung

⟵ 5 mm in 0,1 ms ⟶

Erregungsleitung

sche umgewandelt. Ein häufiger Transmitter neuromuskulärer Synapsen ist Acetylcholin (ACh). An einer Synapse kann Erregung nur in eine Richtung übertragen werden, Synapsen haben eine Ventilwirkung.

Eine Synapse besteht aus einem verdickten Axonende (Endknöpfchen), einem flüssigkeitsgefüllten synaptischen Spalt von etwa 20 nm Breite und dem postsynaptischen Membranbereich der folgenden Empfängerzelle.

Ein ankommendes AP löst die Freisetzung von Überträgermolekülen aus den Transmitterbläschen im präsynaptischen Teil aus. Der Transmitter diffundiert durch den synaptischen Spalt und wird an Rezeptormoleküle der postsynaptischen Membran gebunden. Dadurch öffnen sich Na^+-Kanäle, es kommt zu einem Einstrom von Na^+-Ionen in die postsynaptische Zelle. Die Membran wird depolarisiert, ein postsynatisches Potential (PSP) entsteht. Je mehr Impulse pro Zeiteinheit an der Synapse eintreffen, desto mehr Überträgerstoff wird freigesetzt und desto mehr wird die Spannung in der Folgezelle verändert. Der Transmitter wird rasch von der postsynaptischen Membran entfernt. Acetylcholin wird vom Enzym Acetylcholinesterase ge-

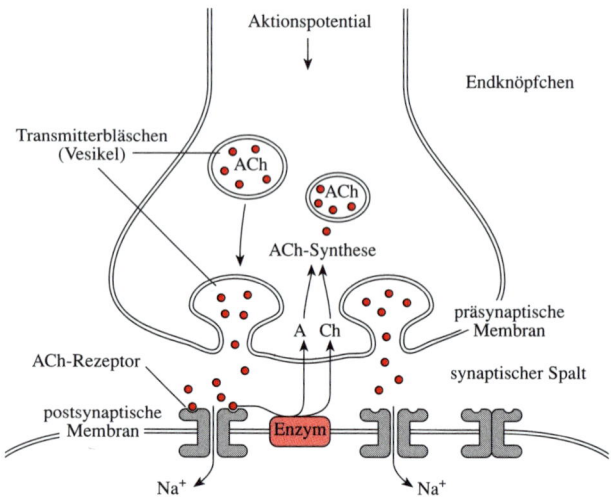

Erregungsübertragung an einer Synapse

spalten. Die Reaktionsprodukte Cholin und Acetat werden aktiv in das Endknöpfchen aufgenommen und unter Energieverbrauch wieder zu Acetylcholin synthetisiert.

Erregende und hemmende Synapsen. Im Nervensystem gibt es erregende Synapsen, bei denen der Transmitter die Durchlässigkeit für Na^+-Ionen erhöht und ein erregendes postsynaptisches Potential (EPSP) entsteht. Daneben gibt es hemmende Synapsen, bei denen der Transmitter die Durchlässigkeit der K^+-Kanäle erhöht. Dies führt zu einer kurzzeitigen Hyperpolarisation der Folgezelle. Dadurch entsteht ein hemmendes (inhibitorisches) postsynaptisches Potential (IPSP), es wird kein AP weitergeleitet.

Verrechnung. Meist hat eine Nervenzelle viele synaptische Verbindungen mit Nachbarzellen. Erregende und hemmende postsynaptische Potentiale werden miteinander verrechnet. So ergibt sich ein bestimmter Erregungszustand der Folgezelle. Erst wenn viele erregende Synapsen zugleich oder kurz hintereinander aktiv werden, wird am Axonhügel der Folgezelle ein Aktionspotential ausgelöst. Die Addition postsynaptischer Potentiale (PSP) mehrerer Synapsen wird als *räumliche Summation,* die Addition mehrerer PSP kurz hintereinander an derselben Synapse als *zeitliche Summation* bezeichnet.

Synapsengifte. Die Funktion der Synapsen kann durch bestimmte Gifte gestört werden, so durch Blockierung der Transmitter-Rezeptormoleküle (z. B. Curare, Atropin), Nachahmung von Transmittern (z. B. Mescalin, LSD), Beeinflussung von Enzymen (z. B. Insektizide wie E 605) oder Hemmung der Transmitterausschüttung (z. B. Tetanusgift, Botulin).

2 Reizbarkeit und Codierung

2.1 Codierung der Nervensignale

Bei der Informationsübermittlung muss codiert werden, welche Reizart vorliegt und wie stark der Reiz ist.

◆ Die *Art des Reizes* wird dadurch übermittelt, dass jedes Sinnesorgan über eigene Nervenbahnen zum Zentralnervensystem meldet. Man spricht von Kanalspezifität.

◆ Die *Stärke des Reizes* wird durch die Häufigkeit der Nervensignale übermittelt. Die Impulsfrequenz (Zahl der Impulse pro Zeiteinheit) nimmt mit der Reizstärke zu. Die Stärke der Aktionspotentiale (die Amplitude der Impulse) bleibt dabei gleich (Alles-oder-nichts-Gesetz).

2.2 Aufnahme und Verarbeitung von Sinnesreizen

Sinneszellen nehmen Reize aus der Umwelt auf und wandeln sie in Erregung um. Reize, die bestimmte Rezeptoren besonders stark erregen und schon bei minimaler Reizenergie eine Erregung auslösen, bezeichnet man als *adäquate Reize.* Reizarten, die erst bei viel höherer Reizenergie eine Erregung hervorrufen, werden *inadäquate Reize* genannt. Starker Druck oder ein Schlag auf das Auge können als inadäquate Reize beispielsweise eine Lichtempfindung auslösen.

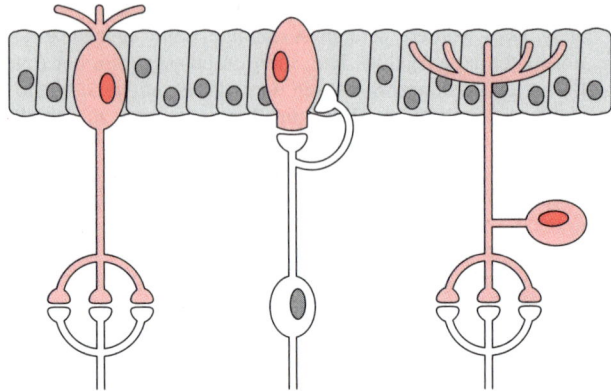

primäre Sinneszelle   sekundäre Sinneszelle   Sinnesnervenzelle

Typen von Sinneszellen

- Nach der *Reizart,* die für Rezeptoren adäquat ist (z. B. Licht, Druck, pH-Wert, Geschmack, Temperatur), unterscheidet man bei Sinneszellen zwischen Foto-, Mechano-, Chemo- und Thermorezeptoren.
- Nach dem *Bau der Sinneszellen* wird unterschieden zwischen primären Sinneszellen, die den Reiz aufnehmen und auch die Erregung weiterleiten, sekundären Sinneszellen, bei denen die Bildung von APs durch gesonderte Nervenzellen erfolgt, sowie Sinnesnervenzellen, bei denen die reizaufnehmenden Dendriten unmittelbar in das Axon übergehen, während der Zellkörper in einem Ganglion liegt und an der Erregungsleitung nicht beteiligt ist.

Codierung der Reizstärke. Nimmt eine Sinneszelle einen adäquaten Reiz auf, erzeugt dies eine Depolarisation. Es entsteht ein Rezeptorpotential (Generatorpotential). Das Rezeptorpotential ist proportional zur Reizstärke. Es dauert so lange an, wie der Reiz einwirkt. Bei primären Sinneszellen breitet sich das Rezeptorpotential mit Abschwächung durch Ausgleichsströmchen bis zum Axon aus. Ist es dort noch stark genug, um den Schwellenwert zu erreichen, werden Aktionspotentiale ausgelöst. Die Frequenz der APs ist proportional zum Rezeptorpotential. Die Codierung der Reizstärke erfolgt also zunächst über die Höhe des Rezeptorpotentials und anschließend über die Frequenz der APs.

Adaptation. Bei gleich bleibender Reizstärke verhalten sich die Rezeptoren in ihrer Empfindlichkeit gegenüber dem Reiz unterschiedlich.

♦ Bei *phasisch-tonischen Sinneszellen* (dem häufigsten Typ) fällt die anfänglich hohe Impulsfrequenz auf eine konstante niedrigere ab.
♦ Bei *phasischen Sinneszellen* sinkt die Impulsfrequenz schließlich auf null.
♦ *Tonische Sinneszellen* behalten eine gleichbleibend hohe Impulsfrequenz bei.

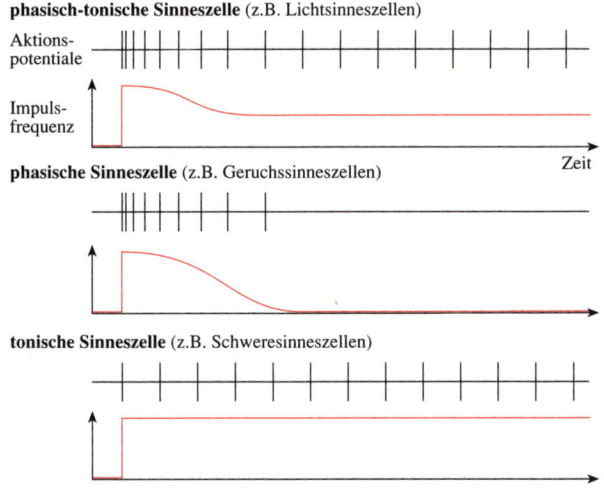

Adaptation von Sinneszelltypen an einen konstanten Reiz

3 Lichtsinn

3.1 Typen von Lichtsinnesorganen

Einzeller wie Eugelia besitzen bereits *einzelne Fotorezeptoren,* die es ihnen ermöglichen, günstige Helligkeitsbereiche zu erkennen. Bei manchen Würmern und Muscheln sind Lichtsinneszellen über die Haut verstreut *(Hautlichtsinn)* und ermöglichen Hell-Dunkel- und einfaches Richtungsehen. Höhere Organisationsformen des Lichtsinns bei wirbellosen Tieren sind das *Flachauge* (z. B. bei Quallenarten), das *Pigmentbecherauge* (z. B. bei Schneckenarten), das *Blasenauge* (z. B. bei Hohltieren und Tintenfischen) und das *Linsenauge* (z. B. bei Tintenfischen).

Insekten und Krebstiere besitzen ein aus vielen Einzelaugen zusammengesetztes *Facettenauge* (Komplexauge). Das Einzelauge (Ommatidium) besteht aus einem Lichtbrechungsapparat (Chitinlinse und Kristallkegel), Pigmentzellen zur Lichtabschirmung und meist acht Sinneszellen, die zusammen einen gemeinsamen Sehstab (Rhabdom) bilden. Aus den Informationen der Einzelaugen wird ein Mosaik von Bildpunkten zusammengesetzt und durch neuronale Verschaltung zu einem Gesamtbild. Facettenaugen ermöglichen Bild-, Farb- und Richtungsehen sowie eine hohe zeitliche Bildauflösung.

◆ Beim *Appositionsauge* der Taginsekten sind die Ommatidien durch Pigmentzellen vollständig gegeneinander abgeschirmt. Die Bildschärfe ist groß, die Lichtempfindlichkeit gering.

◆ Beim *Superpositionsauge* vieler Nachtinsekten ist die optische Abschirmung unvollständig. Entsprechend gering ist die Bildschärfe, die Lichtempfindlichkeit dafür hoch.

Lichtempfindlichkeit und Bildschärfe gut ausgebildeter Facettenaugen entsprechen etwa den Leistungen gleich großer Linsenaugen.

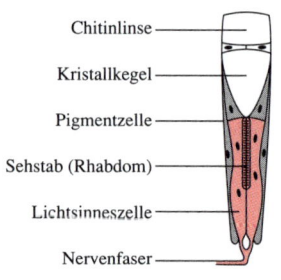

Chitinlinse

Kristallkegel

Pigmentzelle

Sehstab (Rhabdom)

Lichtsinneszelle

Nervenfaser

Bau eines Ommatidiums

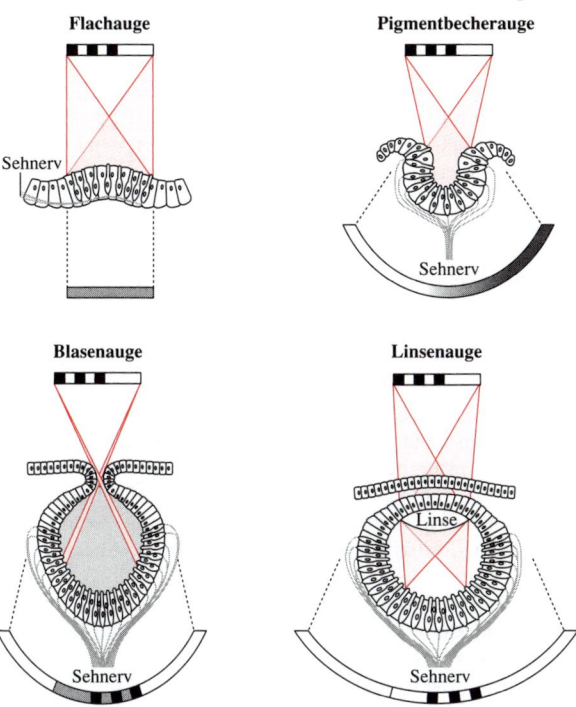

Augentypen mit zugehörigem Abbildungsmechanismus

Flachauge: Eine Ansammlung lichtempfindlicher Zellen an wenigen Stellen des Organismus ermöglicht die Bestimmung der ungefähren Richtung des Lichteinfalls.

Pigmentbecherauge: Wenige pigmentumhüllte Fotorezeptoren sind becherförmig eingesenkt. Das Sehfeld ist dadurch verkleinert, das Richtungssehen verbessert.

Blasenauge: Die Sehgrube hat Blasenform, die Sehöffnung ist zu einem kleinen Loch verengt. Das Bild ist lichtschwach, aber neben dem Bewegungssehen ist einfaches Bildsehen möglich.

Linsenauge: Eine Linse sammelt das einfallende Licht und macht das Bild lichtstärker und schärfer.

3.2 Das Linsenauge des Menschen

Der optische Apparat. Vorgewölbte Hornhaut, Kammerwasser und Augenlinse sind an der Lichtbrechung beteiligt. Die Brechkraft (D) von Hornhaut und Kammerwasser beträgt 43 Dioptrien (dpt). Dioptrie ist das Maß für die Brechkraft von Linsen und linsenförmigen Gebilden. Eine Linse mit einer Brennweite von 1 m hat 1 dpt, eine Linse von 2 dpt hat eine Brennweite von 0,5 m. Dabei bezeichnet die Brennweite den Abstand von der Mittelebene der Linse zur Brennebene (z. B. Netzhaut).

Akkommodation nennt man die Anpassung der Brechkraft an unterschiedliche Entfernungen. Die Brechkraft der elastischen Augenlinse ist zwischen 16 und 30 Dioptrien veränderbar. Ihre Anpassung erfolgt mit Hilfe des Ciliarmuskels und der Linsenbänder. Bei Ferneinstellung ist die Linse durch den Zug der Linsenbänder abgeflacht. Kontrahiert der Ciliarmuskel, entspannen sich die Linsenbänder und die Linse wölbt sich, wodurch sich ihre Brechkraft erhöht. Das Auge akkommodiert also aktiv auf die Nähe. Akkomodationsfehler wie Weit- oder Kurzsichtigkeit entstehen durch Verformungen des Augapfels. Aufgrund abnehmender Elastizität der Linse kommt es zur Altersweitsichtigkeit.

Adaptation nennt man die Anpassung des Auges an unterschiedliche Helligkeiten. Diese erfolgt in mehreren Teilvorgängen. Die Kontraktion der Irismuskeln verkleinert die Pupille, wodurch weniger Licht auf die Netzhaut fällt. Eine Rolle spielt auch, dass die Sehsinneszellen durch mehr oder weniger starken Zerfall des Sehfarbstoffs unterschiedlich auf Lichtstärken reagieren und aufgrund ihrer phasisch-tonischen Reaktion veränderte Lichtstärken nach einiger Zeit schwächer weiterleiten.

Die Netzhaut. Die Sehsinneszellen liegen auf der lichtabgewandten Seite der Netzhaut (Retina) unmittelbar vor der Pigmentschicht.

Zwei Arten von Fotorezeptoren lassen sich unterscheiden: die *Stäbchen* zum Hell-Dunkel-Sehen und die *Zapfen* zum Farbensehen. Sie bilden beide keine APs, sind also sekundäre Sinneszellen. Über Synapsen sind sie mit Bipolarzellen und diese wiederum mit Ganglienzellen verbunden. Die Axone der Gangli-

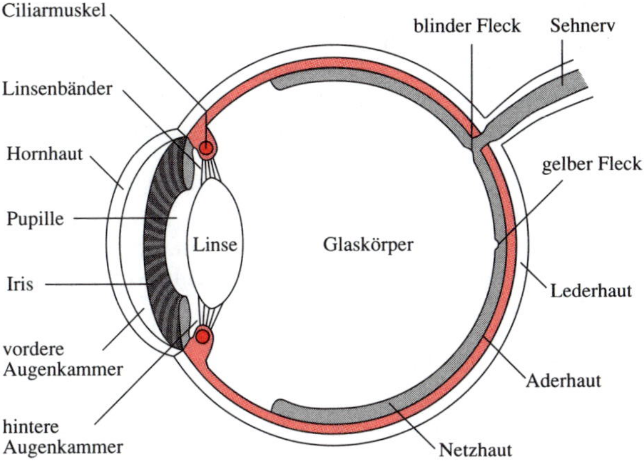
Ciliarmuskel
blinder Fleck
Sehnerv
Linsenbänder
Hornhaut
gelber Fleck
Pupille
Linse
Glaskörper
Iris
Lederhaut
vordere
Augenkammer
Aderhaut
hintere
Augenkammer
Netzhaut

Bau des menschlichen Auges

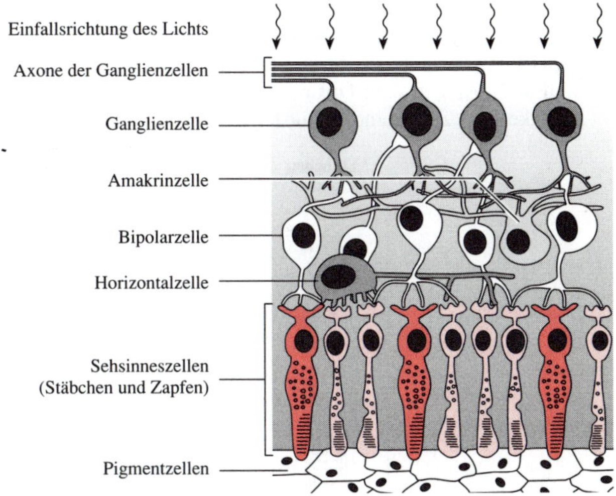
Einfallsrichtung des Lichts
Axone der Ganglienzellen
Ganglienzelle
Amakrinzelle
Bipolarzelle
Horizontalzelle
Sehsinneszellen
(Stäbchen und Zapfen)
Pigmentzellen

Bau der Netzhaut

enzellen bilden den Sehnerv. Außerdem gibt es Querverschaltungen über die Horizontalzellen und Amakrinzellen, die eine erste Verrechnung der Seheindrücke schon in der Netzhaut ermöglichen. Stäbchen und Zapfen sind unterschiedlich dicht über die Netzhaut verteilt. Im Zentrum gibt es nur Zapfen, in der Peripherie nur Stäbchen.

Der gelbe Fleck (Zentralgrube) ist das Gebiet des schärfsten Sehens, hier liegen die Zapfen am dichtesten. Am blinden Fleck, wo der Sehnerv durch die Augenwand tritt, liegen keine Sehzellen. Der Teil des Bildes, der dadurch fehlt, wird vom Gehirn ergänzt.

3.3 Vorgänge in den Sehzellen

Im Außensegment der Sehsinneszellen entstehen durch Einfaltungen der Zellmembran Scheibchen (Discs). Bei den Stäbchen enthält die Membran der Scheibchen den Sehpurpur (Rhodopsin). Rhodopsin ist eine Verbindung aus dem Eiweiß Opsin und dem Kohlenwasserstoff Retinal, einem Aldehyd des Vitamin A. Retinal kann in verschiedenen Raumstrukturen vorkommen. Nur als 11-cis-Retinal ist es mit Opsin verbunden. Durch Lichteinwirkung verändert es seine Struktur zu einem All-Trans-Retinal und löst sich vom Opsin. Dadurch ändert sich die Durchlässigkeit der Zellmembran für Ionen und damit das Membran-

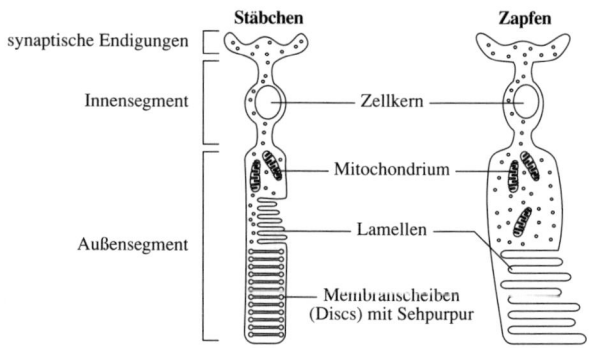

Bau der Sehsinneszellen

potential. Das im ungereizten Zustand relativ geringe Rezeptorpotential wird nun hyperpolarisiert. Während die Synapsen der Sinneszellen im Dunkeln viel Transmitter ausschütten, wird die Transmitterausschüttung durch Belichtung verringert. Unter Energieverbrauch wird aus Retinal und Opsin wieder Rhodopsin synthetisiert.

3.4 Farbensehen

Licht. Das für den Menschen sichtbare Licht liegt im Wellenbereich zwischen 400 nm (Violett) und 700 nm (Rot). Weißes Licht lässt sich mit einem Prisma in die verschiedenen Spektralfarben zerlegen.

Die *Theorie des Dreifarbensehens* von YOUNG und HELMHOLTZ wird dadurch belegt, dass die Absorptionsspektren der Sehfarbstoffe und die Aktionsspektren der Zapfen miteinander korrelieren. Der Mensch besitzt drei Sorten von Zapfen mit jeweils einem anderen lichtempfindlichen Farbstoff. Die Absorptionsmaxima der verschiedenen Zapfentypen liegen bei den Farben Blau-Violett (450 nm), Grün (535 nm) und Gelb (570 nm). Die Empfindlichkeitsbereiche der Sehzellen überlappen sich aber teilweise. Durch die Verrechnung der Impulse aus allen drei Zapfentypen wird im Gehirn der eigentliche Farbeindruck ermittelt. Der Ausfall einzelner Zapfentypen führt zur Farbenblindheit.

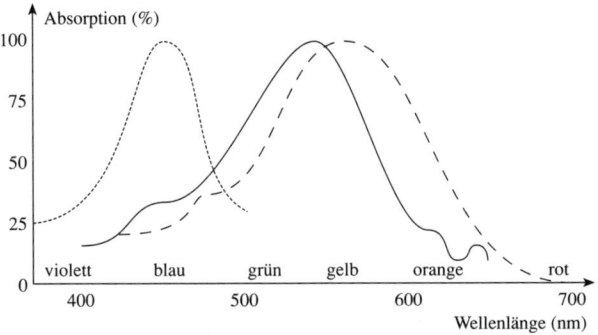

Absorptionskurven der drei Zapfentypen

3.5 Auswertung optischer Information

Auflösungsvermögen. Das räumliche Auflösungsvermögen wird von der Dichte der Sehsinneszellen bestimmt. Weil die Dichte zur Netzhautperipherie hin abnimmt und außerdem viele Sinneszellen auf eine Ganglienzelle verschaltet sind, ist dort die Sehschärfe geringer. Das zeitliche Auflösungsvermögen ist durch die Dauer der fotochemischen Reaktion bedingt. Treffen mehr als 18 Bilder pro Sekunde auf die Netzhaut, können wir sie nicht mehr auseinander halten. Es entsteht der Eindruck einer zusammenhängenden Bewegung. Beim Filmsehen macht man sich dies zu Nutze.

Räumliches Sehen. Die Bilder, die in der Netzhaut der beiden Augen entstehen, sind aufgrund der unterschiedlichen Augenposition nicht genau deckungsgleich. Jedes Auge sendet leicht unterschiedliche Informationen an das Gehirn. Die Verrechnung der Bilder in beiden Augen, der Augenstellung und der Augenakkomodation ergibt den räumlichen Eindruck. Nahe Gegenstände erscheinen räumlicher als ferne. So können wir Entfernungen schätzen.

Die Rolle des Gehirns beim Sehen. Optische Täuschungen, Farbensehen, Filmsehen und räumliches Sehen zeigen, dass Sehen eine Gemeinschaftsleistung von Augen und Gehirn ist.

4 Weitere Sinne

4.1 Die Sinnesorgane des Ohres

Gehörsinn

Der Bau des Ohres. Das *Außenohr* besteht aus Ohrmuschel, Gehörgang und Trommelfell. Im *Mittelohr* liegen die Gehörknöchelchen. Das mit Ohrlymphe gefüllte *Innenohr* umfasst drei Bogengänge für den Drehsinn, Vorhofsäckchen für den Lagesinn und die knöcherne Hörschnecke.

Der mittlere Gang (Schneckengang) enthält die Hörsinneszellen mit feinen Sinneshärchen. Den Boden des Schneckengangs bildet die Basilarmembran, auf der die Sinneszellen sitzen, darüber liegt eine diese berührende Deckmembran. Die Hörsinneszellen bilden das Cortische Organ, das eigentliche Hörorgan.

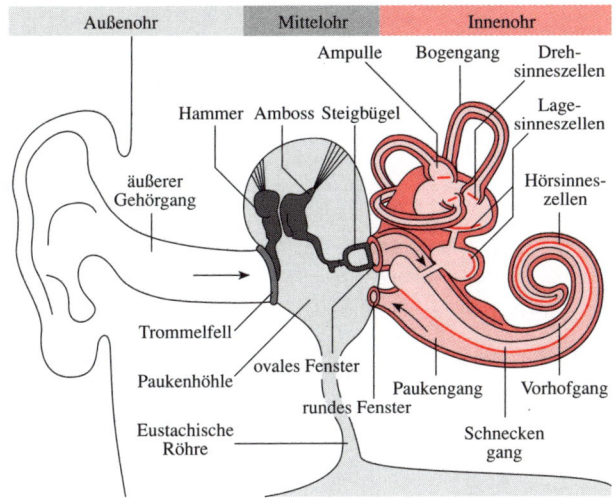

Die Beschriftungen der Abbildung lauten:

Außenohr | **Mittelohr** | **Innenohr**

Ampulle, Bogengang, Drehsinneszellen, Lagesinneszellen, Hammer, Amboss, Steigbügel, Hörsinneszellen, äußerer Gehörgang, Trommelfell, ovales Fenster, rundes Fenster, Paukengang, Vorhofgang, Schneckengang, Paukenhöhle, Eustachische Röhre

Bau des menschlichen Ohres

Schallübertragung im Ohr. Luftschwingungen bezeichnet man als Schall. Die Ohrmuscheln fangen den Schall auf, der Gehörgang leitet ihn zum Trommelfell weiter und versetzt dieses in Schwingung. Dadurch werden die Gehörknöchelchen (Hammer, Amboss und Steigbügel) mitbewegt, ihre Hebelwirkung hat eine Verstärkerfunktion. Am ovalen Fenster wird nun die Ohrlymphe des Innenohres in Schwingung versetzt, wodurch die Härchen der Hörsinneszellen gereizt werden. Als sekundäre Sinneszellen geben sie die Erregungen an Nervenzellen weiter, deren Axone den Hörnerv bilden und die Erregungen zum Gehirn leiten. Der Ausgleich des Schalldrucks erfolgt über das runde Fenster.

Leistungen des Gehörs. Das Hörorgan sendet folgende Informationen an das Gehirn:

◆ *Tonhöhe:* Der Unterschied zwischen hohen und tiefen Tönen besteht in der Zahl der Schwingungen. Im vorderen Teil der Schne-

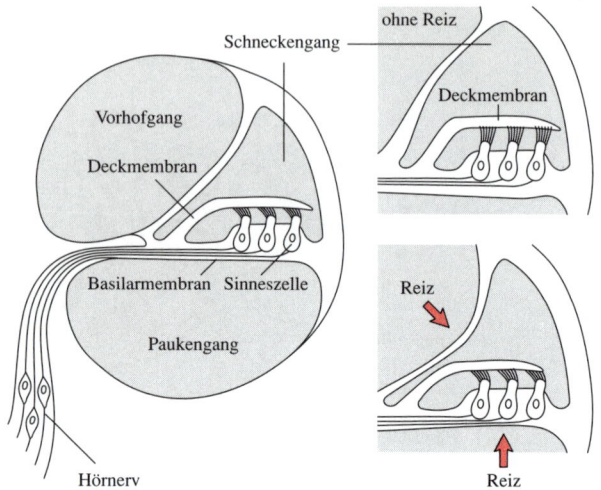

Schnitt durch die Hörschnecke und Reizung des Cortischen Organs

cke werden die hohen, weiter hinten die tiefen Töne registriert. Durch die örtliche Zuordnung innerhalb der Schnecke kann das Gehirn die Töne unterscheiden. Der Mensch kann im Frequenzbereich zwischen 16 Hz und 20 000 Hz hören. (1 Hz = 1 Schwingung pro Sekunde)

◆ *Lautstärke:* Je stärker der Schall, desto mehr Signale senden die Hörsinneszellen an das Gehirn. Die Maßeinheit der Lautstärke ist Dezibel (dB). Lärm kann die Basilarmembran ausbeulen und so schädigen, dass Schwerhörigkeit die Folge ist.

◆ *Richtungshören:* Aus dem winzigen Zeitunterschied zwischen dem Eintreffen des Schalls in den beiden Ohren ermittelt das Gehirn die Richtung, aus der der Schall kommt.

Gleichgewichtssinn

Drehsinn. In den bauchigen Ausweitungen der drei Bogengänge (Ampullen) registrieren Sinneszellen die Drehbewegungen des Kopfes in allen drei Raumebenen.

Lagesinn. Die beiden Lagesinnesorgane in den Vorhofsäckchen (Utriculus und Sacculus) registrieren Positionsveränderungen des Kopfes.

Drehsinn und Lagesinn bilden den Gleichgewichtssinn. Über Dreh- und Lagesinnesnerv gelangen die Signale zum Gehirn.

4.2 Chemische Sinne

Als chemische Sinne bezeichnet man den *Geruchssinn* und den *Geschmackssinn.*

4.3 Die Sinne der Haut

Drucksinneszellen sind für Berührung und Tasten zuständig. Lamellenkörperchen in der Unterhaut sprechen auf Schwingungen an. Freie Nervenendigungen umspinnen Haarwurzeln und melden Berührungen.

Auch für *Schmerzempfindungen* sind freie Nervenendigungen verantwortlich.

Der Temperatursinn ist in *Kälte-* und *Wärmesinn* unterteilt. Kälterezeptoren des Menschen werden durch Temperaturen unter 36 °C gereizt, Wärmepunkte durch höhere Temperaturen.

5 Bau und Funktion des Nervensystems

5.1 Typen von Nervensystemen

Nervennetz. Bei Hohltieren sind Nervenzellen über den ganzen Körper verteilt, ohne jedoch Nervenzentren zu bilden. Über Dendriten und Axone sind diese Nervenzellen miteinander verknüpft und bilden ein Nervennetz, das eine einfache Koordination der Körperbewegungen ermöglicht.

Nervensysteme. Im Verlaufe der Evolution der Tiere kam es zu einer Konzentration von Nervenzellen in bestimmten Körperregionen. Bei höher organisierten Tieren besteht das Nervensystem aus Ansammlungen verbundener Nervenzellen (Nervenknoten, Ganglien), in denen eine Informationsverarbeitung stattfindet (Zentralnervensystem) sowie zuleitenden (afferenten, sensorischen) und wegführenden (efferenten, motorischen) Nervenbahnen (peripheres Nervensystem).

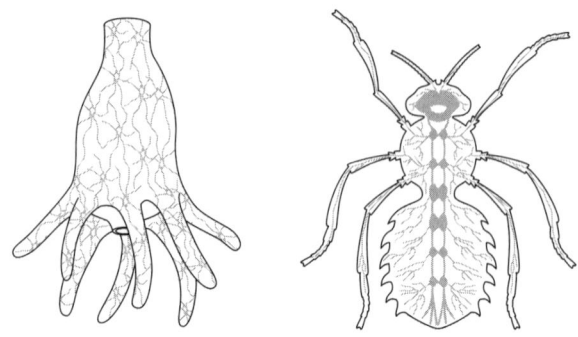

Nervennetz und Strickleiternervensystem

Strickleiternervensystem. Bei Gliedertieren sind Nervenknoten (Ganglien) durch Querstränge (Kommissuren) und Längsstränge (Konnektive) miteinander verbunden. Bei Gliederfüßern kommt es zu einer Konzentration mehrerer Ganglienpaare über dem Schlund, die das Gehirn bilden. Die einzelnen Ganglienpaare arbeiten weitgehend autonom, trotzdem kommt dem Gehirn eine übergeordnete Koordinationsaufgabe zu.

5.2 Das Zentralnervensystem von Wirbeltieren und Mensch

Bei Wirbeltieren und Mensch bilden Ganglien im Kopfbereich ein komplexes Gehirn. Auf der Körperrückseite liegt eine Ganglienkette als Rückenmark geschützt im Wirbelkanal der Wirbelsäule. Gehirn und Rückenmark bilden das Zentralnervensystem (ZNS).

Rückenmark. Die innen liegende graue Substanz des Rückenmarks enthält die Zellkörper der Neuronen und ist von der weißen Substanz umgeben, in der die Axone der auf- und absteigenden Nervenbahnen liegen. Aufsteigende Bahnen leiten Nervenimpulse aus der Peripherie zum Gehirn, absteigende Bahnen leiten Impulse vom Gehirn zu den Erfolgsorganen. Wegführende motorische Axone verlassen das Rückenmark bauchwärts, hinführende sensorische treten rückenwärts ein.

Neben seiner Funktion als Durchgangsstation von und zum Gehirn hat das Rückenmark die eines selbstständig arbeitenden Reflexzentrums.

Reflexe führen auf kürzestem Weg zu einer zweckmäßigen Reaktion. Beim Kniesehnenreflex wird durch plötzliche Anspannung der Kniesehne der Streckmuskel des Oberschenkels gedehnt. Sensorische Nervenfasern leiten die Erregung von den Muskelspindeln im Streckmuskel (Rezeptor) zum Rückenmark. In der grauen Substanz erfolgt eine Umschaltung auf motorische Neuronen, die den Streckmuskel (Effektor) zur Kontraktion veranlassen. Zugleich muss der Antagonist, der Beugemuskel, gehemmt werden. Die beiden Gegenspieler sind daher verbunden über ein Interneuron mit hemmender Wirkung.

Da bei diesem Reflexbogen nur eine synaptische Übertragung beteiligt ist, spricht man von einem monosynaptischen Reflex, weil der Rezeptor im Erfolgsorgan liegt, auch von Eigenreflex.

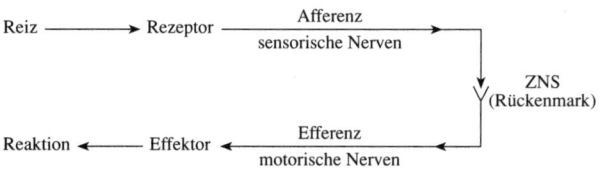

Schema eines Reflexbogens

Gehirn. Im Verlauf der Embryonalentwicklung entstehen aus dem Neuralrohr im Kopfbereich fünf Hirnabschnitte: Vorderhirn (Großhirn beim Menschen), Zwischenhirn, Mittelhirn, Hinterhirn (Kleinhirn beim Menschen) und Nachhirn (verlängertes Mark beim Menschen). Die einzelnen Hirnabschnitte haben unterschiedliche Funktionen und sind daher je nach Wirbeltierklasse verschieden entwickelt.

5.3 Leistungen des menschlichen Gehirns

Beim Menschen dominieren Großhirn und Kleinhirn die übrigen Hirnabschnitte Mittelhirn, Nachhirn und Zwischenhirn, die man auch als Stammhirn oder Hirnstamm zusammenfasst.

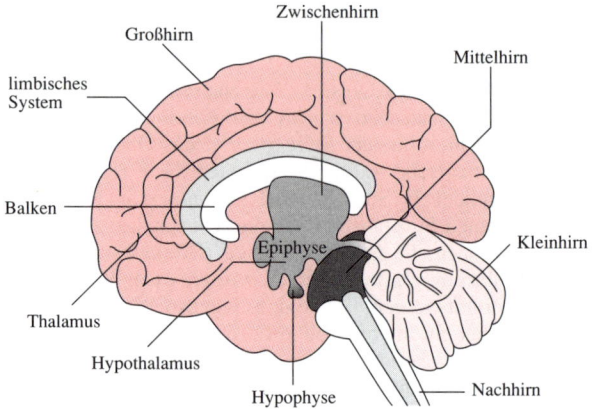

Bau des menschlichen Gehirns

Großhirn. Das Großhirn steuert das bewusste Denken. Es ist Sitz von Bewusstsein und Persönlichkeit. Die Großhirnrinde (Cortex) weist durch Einfurchung eine stark vergrößerte Oberfläche auf. Die äußere graue Substanz besteht überwiegend aus Zellkörpern, die innere weiße Substanz aus markhaltigen Axonen. Ganz bestimmte Bereiche der Großhirnrinde sind für bestimmte Funktionen zuständig. Man unterscheidet sensorische Rindenfelder für die Analyse ankommender Meldungen (z. B. sensorisches Sprachzentrum), motorische Rindenfelder für die Steuerung willkürlicher Bewegungen (z. B. motorisches Sprachzentrum) und Assoziationsfelder für die Kombination von Informationen. Bei den sensorischen Feldern lassen sich Wahrnehmungs- und Erinnerungsfelder unterscheiden.

Das Großhirn ist in zwei Hemisphären unterteilt, die durch den Balken verbunden sind. Die beiden Hemisphären sind nicht gleichartig. Die linke dominiert eher beim Lesen, Schreiben, Rechnen und analytischen Denken, die rechte eher beim Erfassen räumlicher Strukturen und bei abstrakten Leistungen.

Das *Gedächtnis* ist eine Gesamtleistung vieler Großhirnbereiche. Als Gedächtnis bezeichnet man die Fähigkeit des Gehirns,

Informationen zu speichern und bei Bedarf abrufen zu können. Man unterscheidet drei Stufen des Gedächtnisses: das Ultrakurzzeit-, Kurzzeit- und Langzeitgedächtnis.

Zwischenhirn. Es besteht aus Thalamus und Hypothalamus. Der *Thalamus* ist Hauptschaltstation zwischen Sinnesorgan und Großhirn und erstes unbewusstes Verarbeitungszentrum. Der *Hypothalamus* ist ein wichtiges Regulationszentrum für das vegetative Nervensystem und die Hormonproduktion der Hypophyse.

Das **limbische System** umfasst stammesgeschichtlich alte Teile des Großhirns und Teile des Zwischenhirns. Es gilt als Sitz der Gefühle und Stimmungen.

Das **Kleinhirn** dient der Bewegungskoordination und der Erhaltung des Gleichgewichts. Es arbeitet eng mit den motorischen Feldern des Großhirns zusammen.

Mittelhirn und Nachhirn sind wichtige Schaltstationen zwischen den Hirnteilen und Steuerzentrale für viele ursprüngliche Körperfunktionen wie Reflexe (Kauen, Schlucken, Husten), Atmung und Herzschlag.

5.4 Das vegetative Nervensystem

Vom willkürlichen Nervensystem, das bewusste und kontrollierbare Vorgänge steuert, wird das unwillkürliche (vegetative) Nervensystem unterschieden. Das vegetative Nervensystem steuert die Funktion der inneren Organe. Es ist kaum willentlich beeinflussbar und arbeitet weitgehend autonom.

Das vegetative Nervensystem besteht aus zwei Teilsystemen, *Sympathicus* und *Parasympathicus*. Sie arbeiten als Gegenspieler. Der Sympathicus wirkt anregend auf Organe, die die körperliche Leistungsfähigkeit steigern (Leistungsnerv), während der Parasympathicus aktivierend auf Organe wirkt, die der Energieeinsparung, Erholung und dem Körperaufbau dienen.

Zentrales Steuerungsorgan des vegetativen Nervensystems ist der Hypothalamus im Zwischenhirn, von wo aus die Regulierung der Körperfunktionen über Nerven oder Hormone erfolgen kann.

Organ	Sympathicus	Parasympathicus
Auge	weitet Pupillen	verkleinert Pupillen
Lunge	weitet Bronchien	kontrahiert Bronchien
Herz	beschleunigt Herzschlagfrequenz	verlangsamt Herzschlagfrequenz
Leber	Glykogenabbau	Glykogenaufbau
Darm	hemmt Darmtätigkeit	regt Darmtätigkeit an
Blase	entspannt Blase	kontrahiert Blase

Beispiele der Wirkung von Sympathicus und Parasympathicus

 Alles klar?
- Aufnahme und Verarbeitung von Informationen und deren Codierung und Weiterleitung
- Bau und Leistung von Nervenzellen und Sinneszellen
- Sinnesorgane und Nervensysteme im Vergleich
- Bau und Funktion des menschlichen Auges mit Netzhaut
- Die funktionellen Untereinheiten des menschlichen Nervensystems und deren Bedeutung

Hormone

Hormone sind Wirkstoffe, die mit Ausnahme der Gewebshormone von besonderen Hormondrüsen gebildet werden. Als Botenstoffe dienen sie der Informationsübermittlung im Körper. Sie werden mit dem Blut im ganzen Körper verteilt und wirken in geringsten Mengen. Nur bestimmte Zellen in den Erfolgsorganen sprechen auf die jeweiligen Hormone an. Durch Hormone werden Informationen langsamer transportiert als durch Nerven. Da Hormone aber längere Zeit im Blutkreislauf bleiben, wirken sie nachhaltiger.

	Nervensystem	Hormonsystem
Geschwindigkeit der Übertragung	schnell (100 m/s)	langsam (5 mm/s)
Dauer der Wirkung	kurz (wenige ms)	länger (20 Min. u. mehr)
Entfernung der Empfängerzelle von der Senderzelle	kurz (10^{-6} cm)	weit (1 cm – 1 m)

Vergleich von Nerven- und Hormonsystem

1 Allgemeine Eigenschaften von Hormonen am Beispiel der Schilddrüse

1.1 Das Schilddrüsenhormon Thyroxin

Die Schilddrüse bildet täglich 100-300 µg des jodhaltigen Hormons Thyroxin (1 µg = 1 Mikrogramm = 1/1 000 000 Gramm). Die Herstellung von Thyroxin in der Schilddrüse wird von Hormonzellen im Gehirn und in der Hypophyse veranlasst.

1.2 Wirkung des Thyroxins

Thyroxin beeinflusst den Stoffwechsel des Körpers. Es steigert den Grundumsatz und beeinflusst das Körperwachstum. Bei Störungen des Hormonhaushalts unterscheidet man zwischen Über- und Unterfunktion.

◆ Bei *Schilddrüsenüberfunktion* bildet die Schilddrüse zu viel Thyroxin, Stoffumsatz, Herztätigkeit und Atmung steigen krankhaft stark an.

◆ Bei *Schilddrüsenunterfunktion* bildet die Schilddrüse zu wenig Thyroxin, der Stoffwechsel sinkt stark ab. Dies führt zu Müdigkeit, körperlicher und geistiger Trägheit.

1.3 Erforschung der Thyroxinwirkung

Durch Entfernen der Schilddrüse bei Tieren und das Untersuchen der dadurch bedingten Ausfallerscheinungen konnte die Bedeutung der Schilddrüse erforscht werden. Zur Kontrolle wurden die Drüse wieder eingesetzt bzw. deren Gewebsextrakte injiziert. Nach Isolierung des Hormons konnte die Strukturformel ermittelt und anschließend das Hormon synthetisch hergestellt werden.

Entfernen der Hormondrüse, Wiedereinpflanzen der Drüse und Verabreichung von Drüsenextrakten bzw. Behandlung mit Hormonen sind klassische Methoden der Hormonforschung.

1.4 Regelung der Thyroxinausschüttung

Oberste Steuerinstanz der Hormonregulation ist das Gehirn. Neurosekretorische Zellen des Hypothalamus bilden das Neurohormon TRH, das auf die Hypophyse wirkt. Das Hypophysenhormon Thyreotropin (TSH) regt die Schilddrüse zur Thyroxinausschüttung an.

Hypophyse und Schilddrüse stehen in einem gegenseitigen Regulationsverhältnis. Wenig Thyroxin im Blut löst die Ausschüttung von Thyreotropin aus, viel Thyroxin dagegen unterdrückt seine Freisetzung, die Tätigkeit der Schilddrüse wird gedrosselt. Daneben beeinflussen Sympathicus und Parasympathicus die Arbeit der Schilddrüse.

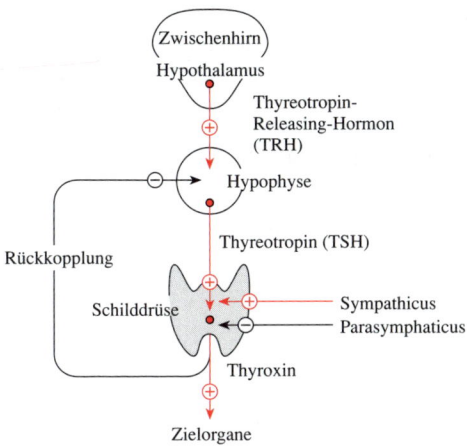

Regulation der Schilddrüsentätigkeit durch Rückkopplung

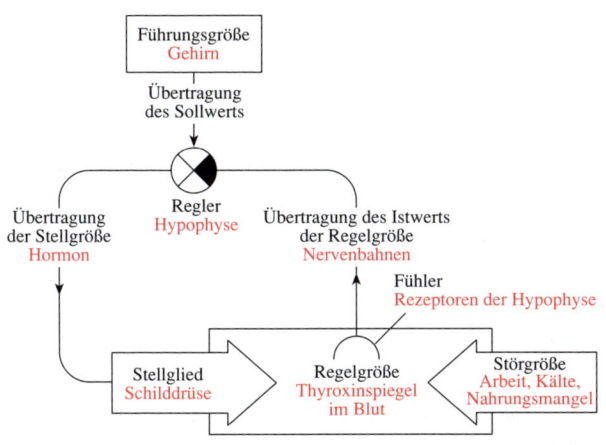

Regelkreisschema am Beispiel der Regelung des Thyroxinspiegels

1.5 Regelkreise

Unter gleich bleibenden äußeren Bedingungen hält der Körper den Stoffwechsel auf konstantem Wert. Auftretende Abweichungen werden ausgeglichen oder geregelt. Die Regelung wird über Nerven und Hormone vorgenommen. Regelkreise veranschaulichen das Prinzip der Regelung.

2 Hormondrüsen des Menschen

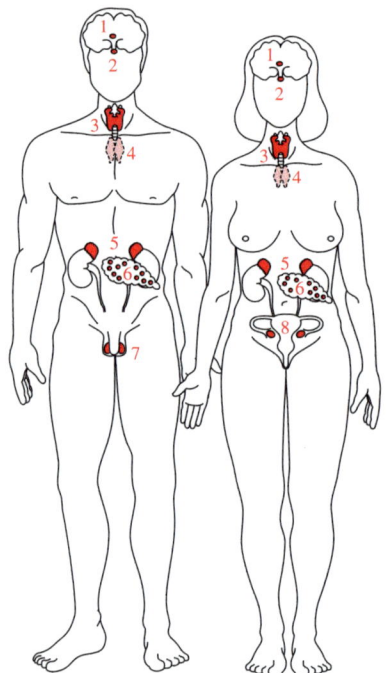

Hormondrüsen des Menschen
1 Zirbeldrüse 2 Hirnanhangsdrüse (Hypophyse) 3 Schilddrüse 4 Thymusdrüse 5 Nebennieren 6 Bauchspeicheldrüse 7 Männliche Keimdrüsen (Hoden) 8 Weibliche Keimdrüsen (Eierstöcke)

3 Molekulare Grundlagen der Wirkung von Hormonen

3.1 Chemischer Bau von Hormonen

Nach ihrer chemischen Struktur unterscheidet man drei Klassen von Hormonen: Steroid-, Aminosäuren- und Peptidhormone. Steroidhormone wie Corticoide und Östrogen werden im Verdauungstrakt nicht abgebaut und können bei Bedarf oral verabreicht werden. Peptidhormone werden verdaut und müssen daher direkt in die Blutbahn injiziert werden (z. B. Insulin).

3.2 Das Second-messenger-Konzept

Peptidhormone und Adrenalin als Aminosäurenhormon können die Zellmembran nicht passieren. Sie reagieren deshalb mit Rezeptoren an der Membranaußenseite und aktivieren dadurch ein Enzym an der Innenseite der Membran. Dieses bildet einen zweiten Botenstoff *(second messenger)* wie z. B. das c-AMP. Er gibt die Information des Hormons weiter, indem er innerhalb

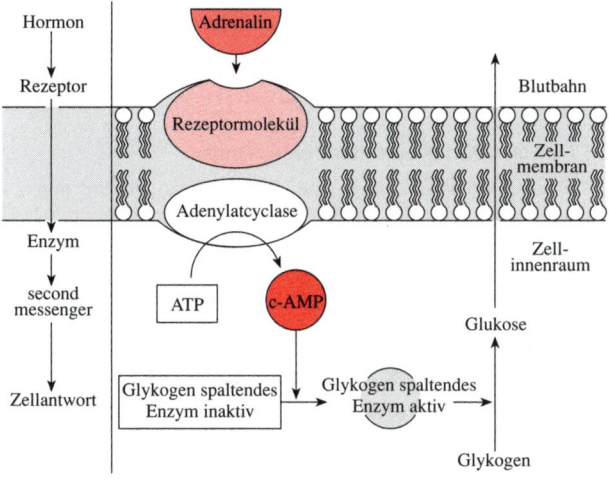

Second-messenger-Konzept (Beispiel Adrenalin)

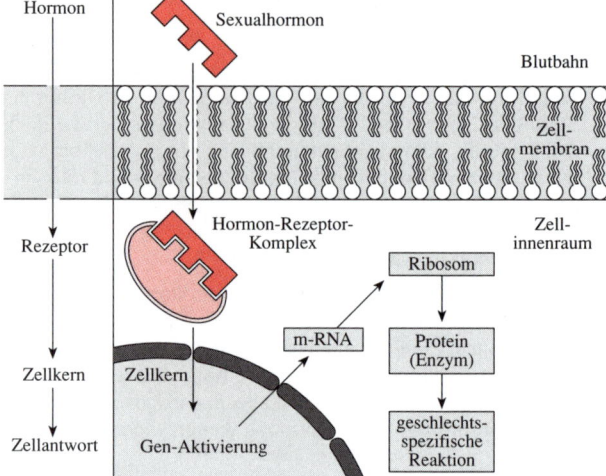

Gen-Aktivierungsmechanismus (Beispiel Sexualhormon)

der Zelle durch Aktivierung anderer Enzyme die eigentliche Wirkung (z. B. Erhöhung des Blutzuckerspiegels) auslöst.

3.3 Der Gen-Aktivierungsmechanismus

Steroidhormone können die Zellmembran durchdringen und werden in der Zelle an Hormonrezeptoren gebunden. Als Hormon-Rezeptor-Komplex lagern sie sich an die DNA an und können bestimmte Gene blockieren oder aktivieren.

4 Nebennieren und Stress

4.1 Nebennierenmark und Nebennierenrinde

Die Nebennieren bestehen zu etwa 80 % aus Rindengewebe und zu etwa 20 % aus Markgewebe. Hormone des Nebennierenmarks sind Adrenalin und Noradrenalin, Hormone der Nebennierenrinde sind Corticoide wie Cortisol und Corticosteron.

4.2 Stress

Stress ist eine unspezifische Reaktion des Körpers auf Umweltreize wie Hitze, Kälte, Hunger, Verletzung und Schmerz. Zu diesen Stressoren zählen auch psychische Belastungen wie Leistungsdruck und Kummer. Der Körper kann sich sowohl an plötzliche Notsituationen als auch an Dauerbelastungen anpassen.

Bei einer raschen Anpassung an eine Notsituation *(Fight or Flight Syndrom)* veranlasst das vegetative Nervensystem das Nebennierenmark, schlagartig das Hormon Adrenalin freizusetzen. Adrenalin erhöht Herzschlag und Atmung, es hemmt Magen- und Darmtätigkeit. Da die Halbwertszeit des Adrenalins mit 3–5 Minuten sehr kurz ist, halten die Wirkungen nicht lange an.

Bei einer Dauerbelastung (eigentlicher Stress) reicht Adrenalin allein nicht aus. Die Nebennierenrinde bildet stoffwechselanregende Hormone wie z. B. Cortisol. Der Mensch kann nun über längere Zeit Hitze, Kälte, Hunger und auch seelische Belastungen aushalten. Hält dieser Stress aber zu lange an, wird die Leistungsfähigkeit des Körpers überfordert. Stress-Schäden wie Gefäßkrankheiten und Herzinfarkt können eintreten.

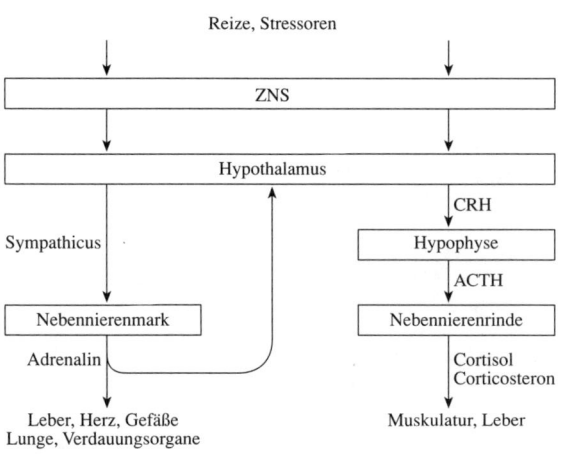

Reaktion des Körpers auf Stressoren

5 Regulation des Blutzuckerspiegels

5.1 Die Bauchspeicheldrüse

Die Bauchspeicheldrüse (Pankreas) hat eine zweifache Aufgabe: Sie erzeugt Verdauungsenzyme und sie bildet Hormone zur Blutzuckerregulation.
Zellen der LANGERHANSschen Inseln in der Bauchspeicheldrüse geben die Hormone Insulin und Glukagon ins Blut ab. Beide Hormone sind Peptide.

- *Insulin* veranlasst die Zellen von Leber und Muskeln, Traubenzucker (Glukose) aus dem Blut aufzunehmen und zu Glykogen umzuwandeln. Die Konzentration des Blutzuckers (Blutzuckerspiegel) sinkt auf diese Weise.
- *Glukagon* veranlasst die Zellen von Leber und Muskeln, Glykogen wieder in Traubenzucker abzubauen und in das Blut zurückzugeben. So steigt der Blutzuckerspiegel.

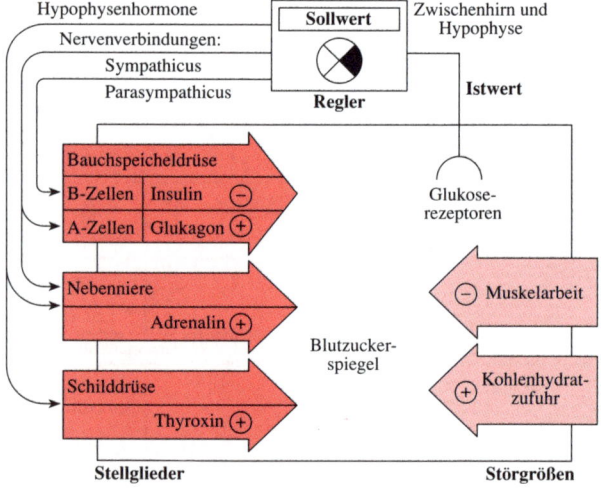

Regelung der Blutzuckerkonzentration

Bei körperlicher Belastung wird mehr Glukose benötigt, der Blutzuckerspiegel sinkt. Nach einer kohlenhydratreichen Mahlzeit steigt er. Da der Blutzuckerspiegel also stets Schwankungen ausgesetzt ist, muss er über die Gegenspieler Insulin und Glukagon genau reguliert werden.

Ein gesunder Mensch hat 80–100 mg Glukose in 100 ml Blut. Bei Zuckerkrankheit (Diabetes) fehlt das Hormon Insulin. Glukose häuft sich im Blut an. Augen, Nerven und Nieren können geschädigt werden.

5.2 Zusammenspiel von Nerven- und Hormonsystem

Die Blutzuckerkonzentration des Blutes wird außer vom Insulin-Glukagon-Konzept von weiteren Hormonen und vom vegetativen Nervensystem reguliert. Der vermaschte Regelkreis zeigt die Einzelheiten der Regelung. (↗ Abbildung S. 164)

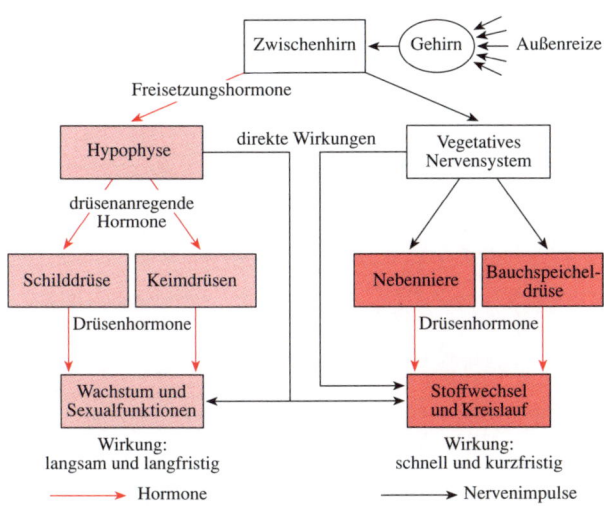

Zusammenwirken von Nerven- und Hormonsystem

6 Eireifung und Schwangerschaft

6.1 Der Menstruationszyklus

Durch das Hypothalamus-Hypophysen-System wird ein regelmäßig wiederkehrender Zyklus gewährleistet. Während der Menstruation fällt der Spiegel der weiblichen Geschlechtshormone, worauf der Hypothalamus mit vermehrter Bildung von FSH (follikelstimulierendes Hormon) antwortet. FSH regt den Eierstock zur Reifung des Follikels und Bildung von Östrogenen an. Diese bewirken das Wachstum der Gebärmutterschleimhaut. Sie fördern auch die Produktion von LH (luteinisierendes Hormon). Bei einer bestimmten Konzentration von

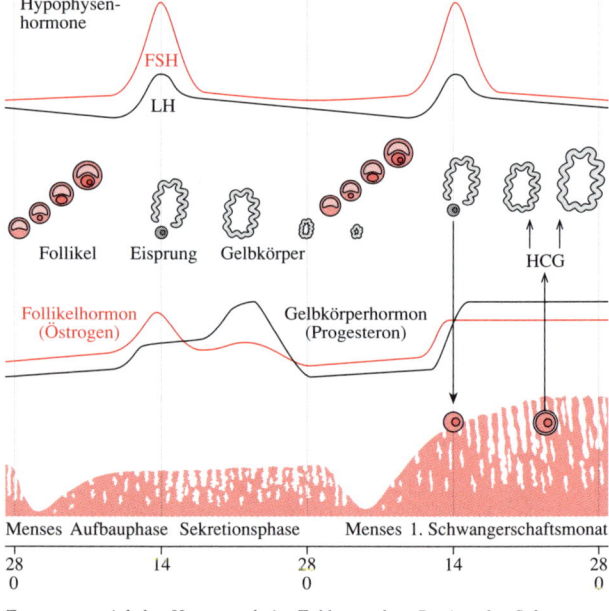

Zusammenspiel der Hormone beim Zyklus und zu Beginn der Schwangerschaft

FSH und LH erfolgt der *Eisprung*. Danach bildet sich der Follikels zum Gelbkörper um und produziert Progesteron. Progesteron wirkt hemmend auf den Hypothalamus und unterdrückt so die LH- und FSH-Bildung. Auf die Gebärmutterschleimhaut wirkt Progesteron fördernd. Kommt es nicht zur Befruchtung, verkümmert der Gelbkörper, die Bildung von Progesteron versiegt und die Gebärmutterschleimhaut wird als Regelblutung abgestoßen.

6.2 Schwangerschaft

Wird ein Ei befruchtet, nistet sich der Keim nach einigen Tagen in die Gebärmutterschleimhaut ein und bildet das Hormon HCG (human chorionic gonadotropin). Das HCG stabilisiert die Schleimhaut, bis die Plazenta (Mutterkuchen) selbst ausreichend Progesteron und Östrogene bildet. Während der Schwangerschaft unterbleibt die Reifung weiterer Follikel.

Östrogene und Progesteron können als Ovulationshemmer („Pille") die Abgabe von FSH und LH aus der Hypophyse hemmen und so das Heranreifen einer befruchtungsfähigen Eizelle verhindern.

7 Pflanzenhormone (Phytohormone)

Bei Pflanzenhormonen sind Bildungs- und Wirkungsort oftmals nicht deutlich getrennt. Ein bestimmtes Pflanzenhormon wird meist an mehreren Orten in der Pflanze gebildet und wirkt auf mehrere Organe ein. Phytohormone sind Gewebshormone, ausgesprochene Hormondrüsen fehlen. Die Hormone werden mit dem Saftstrom in der Pflanze verteilt.

- *Auxine* fördern die Zellteilung und -streckung in den Sprossachsen.
- *Cytokinine* fördern die Teilung junger Zellen und hemmen das Altern der Zellen.
- *Gibberelline* fördern das Wachstum, die Keimung und die Blütenbildung. Sie beenden die Winterruhe der Knospen und vieler Samen, indem sie entsprechende Gene aktivieren.
- *Abscisinsäure* ist ein wachstumhemmendes Hormon. Es fördert den Laubfall und das Abfallen der Früchte.

Alles klar?

- Das Hormonsystem des Menschen im Überblick
- Charakteristische Merkmale von Hormonen
- Folgen von Über- und Unterfunktion der Hormondrüse
- Das Wirkungsprinzip von Hormonen
- Unterschiede zwischen Nerven- und Hormonsystem
- Beispiele für das Zusammenwirken von Nerven- und Hormonsystem

Verhalten

Unter Verhalten versteht man Bewegungen, Körperhaltungen, Lautäußerungen und das Aussenden von Signalstoffen bei Tier und Mensch. Das gesamte beobachtbare Verhalten lässt sich Funktionen wie Ruheverhalten, Fortbewegung, Körperpflege, Nahrungserwerb, Angriff und Flucht sowie Fortpflanzungsverhalten zuordnen. Ein zeitlich und funktional abgrenzbarer Teilbereich daraus wird als Verhaltensweise bezeichnet. Bei der Verhaltensforschung (Ethologie) steht am Anfang immer das genaue Beobachten und Beschreiben von Verhaltensweisen.

1 Methoden der Verhaltensbiologie

1.1 Methoden der Verhaltensforschung an Tieren

Die Verhaltensforschung an Tieren bedient sich folgender Methoden:

- *Laborversuche,* also Beobachtungen unter kontrollierbaren übersichtlichen Bedingungen, lassen Aussagen über Ursache-Wirkung-Zusammenhänge zu. Das Verhalten gefangener Tiere kann jedoch gegenüber ihrem natürlichen verändert sein.
- *Freilandbeobachtungen* zeigen Wirkung und Erfolg einer bestimmten Verhaltensweise im angestammten Lebensraum. Angestrebt wird eine Bestandsaufnahme aller Verhaltensweisen einer Tierart. Eine Verbindung von Beobachtung und gezieltem Experiment ermöglichen zahme frei lebende Tiere.
- *Isolierungsexperimente* (Kaspar-Hauser-Experimente) enthalten dem Tier durch isolierte Aufzucht bestimmte Erfahrungen vor. Der Vergleich mit normal aufgezogenen Tieren lässt Schlüsse über angeborene und erworbene Verhaltensanteile zu.

- *Technische Hilfsmittel* wie z. B. Filme, Fotos, Tonbandaufzeichnungen ermöglichen die Dokumentation der Beobachtungen und die Überprüfung der Ergebnisse. Tragbare Antennen erlauben die telemetrische Verfolgung von Tieren über weite Entfernungen.

1.2 Methoden der Verhaltensforschung am Menschen

Die *Humanethologie* befasst sich mit den biologischen Grundlagen menschlichen Verhaltens. Dabei verbieten sich Experimente am Menschen, die schädlich sein könnten. Möglich sind vergleichende Beobachtungen von Menschen untereinander, aber auch der Vergleich von Mensch und Tier.

- Beobachtungen von Säuglingen und taubblind geborenen Kindern können Auskunft geben, ob Verhaltensweisen angeboren sind.
- Der Vergleich von Menschen verschiedener Kulturstufen zeigt, dass Ausdrucksbewegungen wie Lachen, Grüßen und Abwehr bei allen Menschen das gleiche Grundmuster zeigen.
- Beim Tier-Mensch-Vergleich darf nicht einfach von tierischem auf menschliches Verhalten geschlossen werden, es ergeben sich dabei jedoch Arbeitshypothesen für die Untersuchung menschlichen Verhaltens.

2 Angeborenes Verhalten

Verhaltensweisen, die ohne vorherige Erfahrung ablaufen, bezeichnet man als angeboren. Angeborenes Verhalten wird oft als Instinktverhalten bezeichnet. Viele im Erbgut verankerte Handlungsabläufe sind aber durch Lernen modifizierbar, sodass oft angeborene und erlernte Verhaltensweisen zusammenspielen.

2.1 Unbedingter Reflex

Ein Reflex ist eine durch einen Außenreiz hervorgerufene Reaktion. Beim Reflex handelt es sich um eine sehr einfache Form angeborenen Verhaltens, das jederzeit auslösbar und so gut wie nicht modifizierbar ist. Reflexe stellen elementare Bewegungen sicher (z. B. Saugen und Klammern der Jungtiere) oder sie schützen den Körper (z. B. Nies- und Rückziehreflex). Werden Reflexe von ererbten Reizmustern ausgelöst, spricht man von unbedingten Reflexen.

2.2 Instinkthandlung

Instinkthandlungen laufen wie Reflexe starr und ohne eine Beteiligung kognitiver Leistungen ab, sind aber umfangreicher und komplizierter. Der Ablauf einer Instinkthandlung umfasst folgende Phasen:

◆ *Appetenzverhalten,* ein Verhalten, das darauf abzielt, für eine bestimmte Verhaltensweise eine auslösende Reizsituation zu finden,
◆ *Taxis,* eine gerichtete Orientierungsbewegung auf einen Reiz hin,
◆ *Erbkoordination,* eine geordnete artspezifische und starr ablaufende Endhandlung.

Bedingungen für eine Instinkthandlung sind:
◆ *Handlungsbereitschaft* (Motivation), die von inneren Faktoren wie Hormonspiegel oder Hunger und von äußeren Faktoren wie Wetter oder Tageslänge beeinflusst wird.
◆ *Schlüsselreiz,* ein bestimmtes Reizmuster, das eine bestimmte Instinkthandlung auslösen kann. Geht das Reizmuster von einem Artgenossen aus, spricht man auch von *Auslöser.*
◆ *AAM,* ein angeborener Auslösemechanismus, der von bestimmten Schlüsselreizen erregt wird und die Auslösung einer zugehörigen Endhandlung veranlasst. Eine Funktionseinheit des Gehirns filtert dabei von den zahlreichen angebotenen Reizen diejenigen aus, die als Schlüsselreize wirken. (↗ Abbildung S. 172)

Doppelte Bedingtheit von Instinkthandlungen. Instinkthandlungen sind immer sowohl von der *Stärke der Handlungsbereitschaft* wie von der *Wirksamkeit der Schlüsselreize* abhängig. Ist die Handlungsbereitschaft sehr stark, kann die Endhandlung sogar ohne vorherigen Schlüsselreiz als *Leerlaufhandlung* erfolgen.

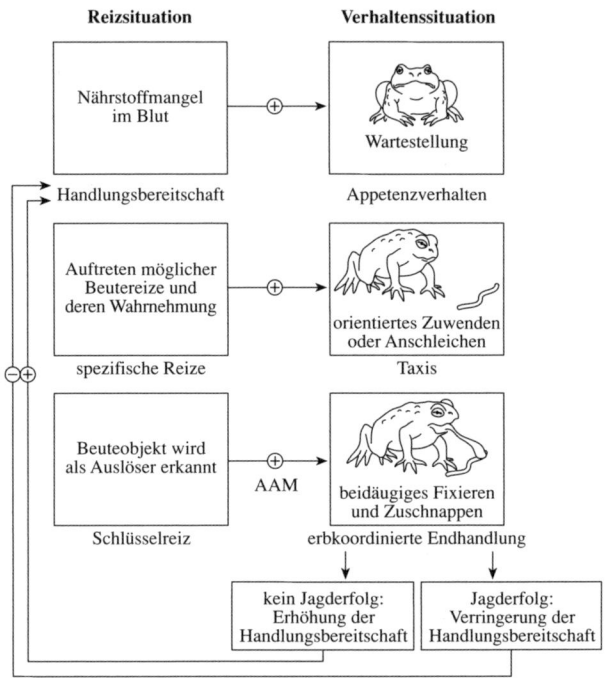

Instinkthandlung: Beutefangverhalten der Erdkröte

Das *psychohydraulische Instinktmodell* von KONRAD LORENZ reduziert die komplizierten Zusammenhänge einer Instinkthandlung auf die entscheidenden Gesichtspunkte.

Übersprungshandlungen sind situationsfremde Verhaltensweisen in Konfliktsituationen. So werden z. B. beim Rivalenkampf von Hähnen Angriffsverhalten und Fluchtverhalten ausgelöst. Beide Verhaltensweisen hemmen sich gegenseitig und als situationsfremde Handlung erfolgt Futterpicken. Diese Verhaltensweise der Nahrungsaufnahme war zuvor gehemmt und wird jetzt freigegeben.

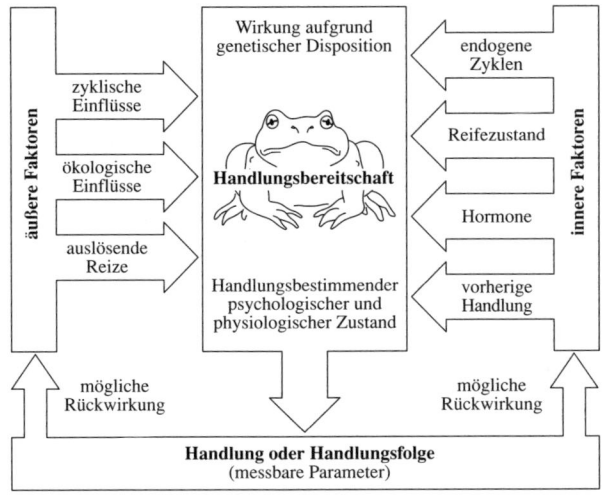

Einflüsse auf die Handlungsbereitschaft

Attrappen sind künstliche Objekte zur Überprüfung, welche Reize als Schlüsselreize wirken. Bei Attrappenversuchen muss die momentane Handlungsbereitschaft des Tieres so weit es geht berücksichtigt werden.

Als **Handlungskette** bezeichnet man eine Abfolge von Schlüsselreizen und Handlungen, wobei jede einzelne Handlung zum Auslöser der nächsten werden kann. (↗ Abbildung S. 174)

2.3 Reifung

Die Entwicklung eines angeborenen Verhaltens ohne Lernen wird als Reifung bezeichnet. Bestimmte angeborene Verhaltensweisen (z. B. das Fliegen bei Vögeln) können erst ausgeführt werden, wenn die morphologischen Strukturen (Flügel) entwickelt, also herangereift sind. Reifung kann bei oberflächlicher Betrachtung einen Lernprozess vortäuschen.

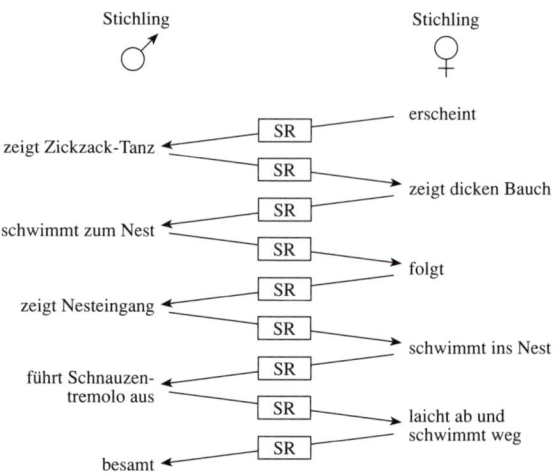

Handlungskette beim Paarungsverhalten des Stichlings

3 Erlerntes Verhalten

Verhaltensänderungen, die durch Erfahrung bedingt sind und eine gewisse Zeit Bestand haben, beruhen auf *Lernen.*
Tiere besitzen eine unterschiedliche *Lerndisposition,* d. h., sie unterscheiden sich in der Art und im Umfang ihres Lernvermögens. Tiere mit großem Lernvermögen zeigen auch ein gut entwickeltes Erkundungs- und Neugierverhalten.

3.1 Obligatorisches und fakultatives Lernen

Obligatorisches Lernen ergänzt angeborenes Verhalten. Jungtiere müssen z. B. lernen ihre Nahrung, Feinde und Artgenossen zu erkennen. Obligatorische Lernvorgänge sind also zum Überleben und zur Weitergabe des Erbgutes unbedingt notwendig. Lernprozesse, die nicht unbedingt lebensnotwendig sind, bezeichnet man als fakultatives Lernen. Es basiert auf dem individuellen Neugierverhalten und kann die Anpassungsmöglichkeiten des Tieres erweitern. Wird Instinktverhalten durch Lernen verändert, spricht man von *Instinkt-Lern-Verschränkung*.

3.2 Gewöhnung (Habituation)

Vögel in der Stadt lassen sich vom Straßenverkehr oft nicht mehr stören. Sie haben sich an den für sie unbedeutenden Reiz gewöhnt. Gewöhnung ist eine einfache Form des Lernens und bedeutet, dass ein Reiz nicht mehr wahrgenommen wird, eine zuvor vorhandene Reaktion verloren geht.

3.3 Konditionierung

Bei der Konditionierung wird ein neutraler Reiz mit einem auslösenden Reiz gekoppelt, der schließlich selbst zum reaktionsauslösenden bedingten Reiz wird.
Iwan Pawlow konnte bei seinen Versuchen mit Hunden die Speichelsekretion auf einen Glockenton hin auslösen. Anfangs bot er dem Hund wiederholt Nahrung an, um den Speichelfluss in Gang zu setzen, und schlug gleichzeit eine Glocke an. Schließlich genügte der Glockenton allein zum Auslösen der Speichelsekretion. Der neutrale Reiz Glockenton wurde zum bedingten Reiz, der unbedingte Reflex der Speichelsekretion zu einem bedingten Reflex. Lernen durch Ausbildung bedingter Reflexe nennt man *klassische Konditionierung*. Voraussetzung ist eine entsprechende Lernmotivation wie z. B. Hunger des Hundes.
Bei der *operanten Konditionierung* wird ein zufällig gezeigtes Verhalten mit einer positiven oder negativen Erfahrung verknüpft (Belohnung, Bestrafung) und so verstärkt bzw. gehemmt. Beispiele hierfür sind das Labyrinth-Lernen bei Mäusen, das Skinner-Box-Lernen von Tauben, das Lernen durch Versuch und Irrtum sowie die meisten Tierdressuren.

3.4 Prägung

Bei der Prägung handelt es sich um einen besonderen obligatorischen Lernvorgang, der an eine zeitlich eng begrenzte und erblich festgelegte, meist kurze sensible Phase gebunden ist. Das dauerhafte Lernergebnis ist irreversibel, kann also gar nicht mehr oder nicht mehr ohne weiteres abgewandelt werden. Beispiele sind die Objekt- oder Nachfolgeprägung bei Entenküken, die Ortsprägung bei Lachsen, die sexuelle Prägung auf den Geschlechtspartner bei Vögeln, die Biotop- und die Nahrungsprägung.

3.5 Lernen durch Nachahmung

Höher entwickelte Säugetiere können komplexe Verhaltensweisen vollständig kopieren und so durch Nachahmung lernen. Akustische Nachahmung gibt es z.B. bei Papageien und Rabenvögeln, motorische Nachahmung bei Affen. Übernehmen auch nachfolgende Generationen das betreffende Verhalten, kommt es zur Bildung von *Traditionen*.

3.6 Lernen durch Einsicht

Die höchste Form des Lernens, das Lernen durch Einsicht, ist nur vom Menschen und von Menschenaffen bekannt, ansatzweise bei Vögeln. Dabei wird eine unbekannte Problemsituation durch Nachdenken erfasst. Nachdem die Lösung im Geiste gefunden und im Gehirn ein Plan zum Erreichen des Zieles angefertigt wurde, erfolgt die Ausführung des Planes zielstrebig und ohne weitere Unterbrechungen oder Phasen von Versuch-und-Irrtum-Lernen. Erfahrungen und bekannte Problemlösungen können auf neue ähnliche Aufgaben übertragen werden.
Die Fähigkeit zur Verallgemeinerung nennt man *abstrahierendes Denken*. Beim Menschen führt Abstraktion zur Bildung von Begriffen, bei Tieren spricht man von *averbalem Denken,* einer Fähigkeit zur bildhaften Vorstellung. Beispiele für averbale Begriffe sind der Gleich-Ungleich-Begriff, den Tauben und Kolkraben bilden können, oder der Wertbegriff bei Schimpansen.

4 Sozialverhalten bei Tieren

Alle Verhaltensweisen, die sich auf den Umgang mit Artgenossen beziehen, werden als Sozialverhalten bezeichnet. Bei Tieren mit solitärer Lebensweise (Einzelgänger) sind soziale Verhaltensweisen geringer ausgeprägt als bei geselligen Tierarten.

4.1 Tiergesellschaften

Es gibt bei Tieren verschiedene Formen sozialer Zusammen-schlüsse:

- Die zufällige Ansammlung von Artgenossen allein durch öko-logische Faktoren wie Meeresströmungen oder eine Wasser-stelle in einem Trockengebiet wird als *Aggregation* (Schein-gesellschaft) bezeichnet.
- Bei offenen und geschlossenen anonymen Verbänden kennen sich die Artgenossen nicht individuell. Beim *offenen anonymen Verband* kommt es zu einem ständigen Mitgliederwechsel. In einem Insektenstaat als *geschlossenem anonymen Verband* ist ein Mitgliederzuwachs durch gruppenfremde Artgenossen auf-grund des Nestgeruchs als Erkennungsmerkmal nicht möglich.
- Bei einem *individualisierten Verband* erkennen sich die Mit-glieder an unterschiedlichen individuellen Merkmalen. Grup-penfremde Individuen werden abgewehrt.

Vorteile sozialen Verhaltens sind u. a. ein besserer Schutz des Einzeltieres und der leichtere Nahrungserwerb durch gemein-same Jagd. Das Gruppenverhalten bei Tieren ist genetisch fest-gelegt (angeboren).

4.2 Kommunikation

Voraussetzung für ein Sozialleben in der Tierwelt ist die Mög-lichkeit zur Kommunikation. Viele *Signale* sind einfache Schlüsselreize, auf die der Partner mit einer normierten Verhal-tensweise antwortet. Bei höher entwickelten Tieren findet man außerdem fein abgestufte, graduierte Signale wie z. B. die Aus-drucksbewegungen der Katze oder die Drohmimik des Hundes.

4.3 Aggression

Man unterscheidet zwischenartliche von innerartlicher Aggres-sion.

- Zur *zwischenartlichen* (interspezifischen) *Aggression* gehören Beutefang-, Schutz- und Verteidigungsverhalten. Solche Ag-gressionen sind zwischen Angehörigen fremder Arten meist auf Verletzungen und Tötung ausgerichtet.

◆ *Innerartliche* (intraspezifische) *Aggression* tritt auf, wenn Artgenossen in Konkurrenz zueinander treten, sei es um Nahrung, einen Platz in der Rangordnung oder um geeigneten Lebensraum (Revier, Territorium). Schädigende Wirkungen auf die Art werden in der Regel durch besondere *Mechanismen der Ritualisierung* vermieden. Dazu zählen Imponieren ohne Kampftendenz, Drohen mit Kampftendenz, ein Kommentkampf (Turnierkampf) nach bestimmten Regeln, Beschwichtigungsverhalten (Demutsverhalten) und Aggressionshemmung beim Überlegenen. Beschädigungskämpfe mit Verletzung und Todesfolge treten meist nur bei fehlender Fluchtmöglichkeit auf.

4.4 Territorial- und Besitzverhalten

Territorien oder Reviere sind gegen Artgenossen abgegrenzte und verteidigte Lebensräume. Dabei ist zwischen Dauerrevieren und zeitlich begrenzten Revieren wie z. B. Brutrevieren zu unterscheiden. Territoriumsinhaber können Einzeltiere, Paare oder Gruppen sein. Die Revierabgrenzung erfolgt über Duftmarkierung mit Kot, Harn oder Drüsensekreten oder durch akustische Markierung wie z. B. Vogelgesang. Territorialität sichert Nahrungsquellen und Brutpflegeerfolg.

4.5 Altruistisches Verhalten

Die *Soziobiologie* untersucht als junge Wissenschaftsdisziplin den Anpassungswert von sozialem Verhalten. Verhaltensweisen, die für die Gemeinschaft von Vorteil sind, für das ausführende Einzelindividuum aber auf den ersten Blick nachteilig scheinen, nennt man uneigennützig oder altruistisch. Beispiel: Jungpaviane, die am Rande des Trupps Wachfunktionen übernehmen, dabei selbst aber gefährdeter sind.

5 Verhaltensweisen des Menschen

Menschliches Verhalten wird durch biologische, psychologische und gesellschaftliche Faktoren bestimmt. Der Mensch ist in der Lage, seine angeborenen und erworbenen Verhaltensweisen mit Hilfe seines Bewusstseins weitgehend zu kontrollieren.

5.1 Angeborenes Verhalten

Verhalten von Säuglingen. Säuglinge können durch Kopfbewegung die Brust der Mutter suchen, sie können saugen, trinken, weinen und schreien. Anfangs greifen sie fest um jeden Gegenstand, der die Handflächen berührt (Greifreflex). Das sofortige Beherrschen so komplizierter Vorgänge spricht dafür, dass diese angeboren sind.

Kindchenschema. Säuglinge und Kleinkinder lösen durch ihr Aussehen bei den Mitmenschen Zuwendung und Zärtlichkeit aus. Experimente mit Nachbildungen (Attrappenversuche) zeigen, dass verschiedene Merkmale das Zuwendungsverhalten auslösen: Pausbacken, große Augen, großer Kopf und tollpatschige Bewegungen.

5.2 Lernen

Neugier und Spiel. Alle Kleinkinder erkunden neugierig ihre Umwelt. Diese angeborene Neugier ist Voraussetzung für Lernen. Der Mensch zeigt eine angeborene Lernbereitschaft. Auch Erwachsene sind neugierig. Im Gegensatz zu Tieren können Menschen lebenslang lernen.

Im Spiel backen Kinder Sandkuchen oder fliehen vor „Räubern". Dabei haben sie weder Hunger noch Angst. Spielverhalten fehlt der Ernstbezug. Im Spiel werden aber bestimmte Verhaltensabläufe trainiert, also gelernt.

Konditionierung. Stellen wir uns unsere Lieblingsspeise vor, läuft uns das Wasser im Munde zusammen, das Surren des Zahnarztbohrers lässt bei vielen den Blutdruck steigen. Man spricht von Konditionierung oder von der Bildung eines bedingten Reflexes.

Lernen durch Versuch und Irrtum. Viele Lernprozesse beim Menschen verlaufen nach dem Prinzip des Lernens am Erfolg. Das richtige Ausführen bestimmter Tätigkeiten wird durch Erfolg „belohnt" und damit verstärkt. Dieses Verhalten wird zukünftig beibehalten. Wird die Tätigkeit irrtümlich falsch ausgeführt, wird am Misserfolg gelernt. Die Fehlentscheidung wirkt wie eine „Strafe" und bremst ein solches Verhalten in Zukunft.

Einsichtiges Verhalten. Mathematikaufgaben und andere Problemstellungen spielen wir im Gehirn durch. Nach einigem Überlegen und Planen wird die Lösung oftmals plötzlich gefunden. Das Ergebnis kann auf neue, ähnliche Probleme übertragen werden. Durch Einsicht sind wir Menschen in der Lage, den Erfolg oder Misserfolg einer Handlung vorauszusehen und entsprechend zu handeln.

Tradition. Sprache und Schrift ermöglichen dem Menschen die Weitergabe von Erfahrung und Wissen an folgende Generationen. Übernehmen diese die Verhaltensweisen, bilden sich Traditionen.

Prägung. Anfangs lächelt ein Säugling nahezu jedes Gesicht an, später nur noch das seiner Bezugspersonen. Bei fremden Gesichtern „fremdelt" es abweisend oder ängstlich. Das Kind wurde auf seine Bezugsperson geprägt, ein Vorgang, der Ähnlichkeit mit der Prägung bei Tieren hat.

5.3 Sozialverhalten

Gruppenbildung. Der Mensch ist ein soziales Wesen. Nur in der Gruppe kann er überleben. Menschen bilden aus unterschiedlichsten Gründen Gruppen, seien es Vereine, Bürgerinitiativen, Stämme oder Staaten.

Mitglieder großer Gruppen kennen sich nicht alle persönlich. Gemeinsame Abzeichen signalisieren hier die Gruppenzugehörigkeit. Von den Gruppenmitgliedern wird erwartet, dass sie sich der Gruppennorm entsprechend verhalten. Es entstehen Gruppenzwänge. Abweichungen von der Norm führen zu Ausschlussreaktionen.

Aggressionsverhalten. Aggression kann sich beim Menschen u. a. als Wut, Zorn oder Hass zeigen. Beschwichtigungsverhalten wie Lächeln, Grüßen, Kopfsenken und Weinen wirkt aggressionshemmend. Imponier- und Drohhaltungen wirken aggressionssteigernd. Aggressionen treten bei allen Menschen auf, was auf angeborene Anteile im Verhalten schließen lässt. Psychologische Untersuchungen haben gezeigt, dass Menschen Aggressionsverhalten auch erlernen und es als Folge von Frustrationen auftreten kann.

Rangordnungsverhalten. Statussymbole wie Titel, Abzeichen und Orden sind Ausdruck von Rangordnungen in der menschlichen Gesellschaft. Voraussetzung für das Funktionieren einer hierarchischen Ordnung ist, dass Menschen die Führungsrolle anderer akzeptieren.

Territoriales Verhalten. Jeder Mensch hütet seine Privatsphäre. Dringt jemand ohne Beschwichtigungsverhalten ein, wird dies meist als Aggression empfunden. Die unsichtbare Individualdistanz um unseren Körper dürfen nur nahe stehende Menschen unterschreiten. Ebenso grenzen Menschengruppen eigene Territorien ab. Gartenzäune, Gemarkungs- oder Staatsgrenzen haben eine ähnliche Funktion wie Reviergrenzen.

Selbstkontrolle. Der Mensch kann sein Verhalten überdenken und selbst bestimmen. Er kann und muss sich seine Handlungen kritisch bewusst machen. Eine wichtige Aufgabe der Erziehung ist das Hinführen zu mitmenschlichem Verhalten, das Rücksicht auf andere nimmt und ihnen dieselben Rechte zugesteht, die man für sich selbst in Anspruch nimmt.

Alles klar?

– Methoden der Verhaltensforschung
– Angeborene und erlernte Anteile des Verhaltens bei Tieren
– Erscheinungsformen und Mechanismen des Sozialverhaltens
– Ablauf und Bedingungen von Instinkthandlungen
– Biologische Grundlagen und Besonderheiten des menschlichen Verhaltens

Evolution

Die Formenvielfalt der Lebewesen auf der Erde ist das Ergebnis einer stammesgeschichtlichen Entwicklung. Die Evolutionsforschung befasst sich mit der Frage nach den Ursachen und Gesetzmäßigkeiten dieser Entwicklung und erforscht die Verwandtschaftsbeziehungen zwischen den Lebewesen. Es wird deutlich, dass auch die menschliche Evolution nach den gleichen naturwissenschaftlichen Gesetzmäßigkeiten verlaufen ist, wie sie für alle Organismen gilt.

1 Geschichte der Evolutionstheorie

1.1 Sonderstellung der Evolutionslehre

Die Aussagen der Evolutionslehre beziehen sich auf geschichtliche Vorgänge, die nicht wiederholbar und damit experimentell nicht überprüfbar sind.

Eine Grundvoraussetzung der Evolutionslehre ist die Akzeptanz des *Aktualitätsprinzips*. Dieses Prinzip (nach dem Geologen CHARLES LYELL) beruht auf der Annahme, dass die heute wirksamen Naturgesetze auch in der Vergangenheit wirksam waren.

1.2 Vorstellungen bis DARWIN

Die Lehre von der *Konstanz der Arten* leitet sich vom biblischen Schöpfungsbericht ab. Sie geht von der Unveränderlichkeit der Arten aus und lehnt den Evolutionsgedanken ab.

CARL VON LINNÉ (1707–1778) vertrat ebenso wie seine Zeitgenossen die Lehre der Konstanz der Arten. Er ordnete aber als Erster die bis dahin bekannten Pflanzen und Tiere in ein einheitliches hierarchisch gegliedertes System ein.

Die *Kreationisten* legen den Schöpfungsbericht heute noch wörtlich aus und lehnen den Evolutionsgedanken daher ab.

JEAN-BAPTISTE DE LAMARCK (1744–1829) ging von der Vererbung erworbener Eigenschaften und einem kontinuierlichen Artenwandel aus. Er erstellte Stammbäume und gab eine ursächliche Erklärung für Abstammung. Damit gilt LAMARCK als Begründer der Evolutionstheorie. Als Ursache des Wandels sah er veränderte Bedürfnisse und Gewohnheiten. Durch veränderte Umweltbedingungen führt ein den Lebewesen innewohnender Trieb zu ihrer Vervollkommnung. Die im individuellen Leben erworbenen Eigenschaften würden schließlich vererbt.

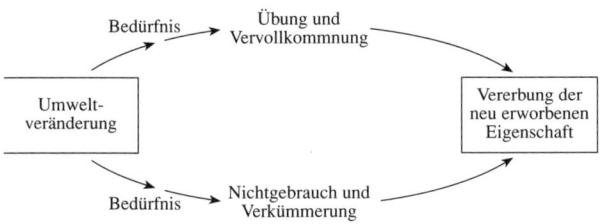

LAMARCKS Theorie vom Artwandel

So wurde der lange Hals der Giraffe darauf zurückgeführt, dass ihre Vorfahren den Hals strecken mussten, um an das Laub der Bäume zu gelangen. Durch den Drang zur Vervollkommnung und das ständige Strecken sei der Hals immer länger geworden, was dann an die Nachkommen vererbt worden sei. Die Aussage LAMARCKS von der Vererbung erworbener Eigenschaften ist aus heutiger Sicht falsch. Modifikationen werden nicht vererbt.

1.3 DARWIN und die Theorie der natürlichen Auslese

CHARLES DARWIN (1809–1882) erklärte die Veränderung der Arten durch Variation und Selektion. Seine wesentlichen, noch heute gültigen Aussagen waren:

- Alle Lebewesen erzeugen mehr Nachkommen, als zur Erhaltung der Art notwendig wären (Überproduktion).
- Die Mitglieder einer Art unterscheiden sich voneinander und variieren in ihren Erbmerkmalen (Variabilität).

- Im Kampf ums Dasein (struggle for life) überleben die jeweils am besten Angepassten (survival of the fittest). Die anderen gehen durch die natürliche Zuchtwahl zugrunde (Auslese = Selektion).
- Die natürliche Auslese führt durch eine sich ständig vervollkommnende Anpassung zu einer allmählichen Änderung der Arten (Angepasstsein).

Nach DARWIN gibt es also zwei treibende Kräfte für die Evolution:
1. Erbliche Unterschiede zwischen den Nachkommen
2. Unterschiedliche Anpassung an die jeweilige Umwelt durch natürliche Selektion

1.4 Synthetische Theorie

Die *Synthetische Theorie der Evolution* fasst die Ergebnisse aus vielen Forschungsgebieten (Populationsgenetik, Paläontologie, Taxonomie, Biogeografie) zusammen, beruht im Wesentlichen aber auf DARWINs Gedanken. Die Synthetische Theorie betont insbesondere die Bedeutung der Population als Einheit der Evolution.

Unter *Population* wird eine Gruppe von Individuen derselben Art verstanden, die zu gleicher Zeit im gleichen Raum leben und sich miteinander fortpflanzen können. Die Gesamtheit der Allele einer Population heißt Genbestand oder *Genpool*. Nach der Synthetischen Theorie der Evolution, auch als Neodarwinismus bezeichnet, wirken folgende Faktoren zusammen: Mutation, Rekombination, Gendrift, Selektion und Isolation.

2 Belege für den Verlauf der Evolution

Für die stammesgeschichtliche Entwicklung aller Lebewesen gibt es zahlreiche Beweise. Dazu zählen Übereinstimmungen zwischen Vorfahren und Nachfahren mit entsprechenden Übergangsformen, Entwicklungsreihen zu einer Höherentwicklung, Ähnlichkeiten im mikroskopischen und molekularen Bereich und zahlreiche Fossilfunde.

2.1 Homologe Organe

Die Gleichwertigkeit von Strukturen im Bauplan verschiedener Lebewesen aufgrund gemeinsamer Abstammung nennt man *Homologie*.

Homologien beruhen auf gemeinsamer Erbinformation, der Grundbauplan kann infolge unterschiedlicher Funktionen aber abgewandelt sein. Homologiekriterien sind:

◆ gleiche Lage im Körper (Kriterium der Lage), Beispiel: Vordergliedmaßen von Wirbeltieren,

◆ gleiche Bau- und Materialeigenschaften (Kriterium der spezifischen Qualität), Beispiel: die Hautschuppen von Haifischen und die Zähne der Säugetiere und des Menschen (↗ Abbildung S. 186).

◆ Übergangsformen in der ontogenetischen (individuellen) Entwicklung, bei verwandten oder ausgestorbenen Arten (Kriterium der Stetigkeit), Beispiel: Herz- und Blutkreislauf bei Wirbeltieren mit einfachen und doppelten Kreisläufen. Während bei Fischen das Herz aus einer Vor- und einer Herzkammer besteht, besitzen Lurche und Reptilien eine unvollständige Scheidewand in der Herzkammer, bei Vögeln und Säugetieren sind die beiden Herzhälften und damit Körper- und Lungenkreislauf völlig getrennt.

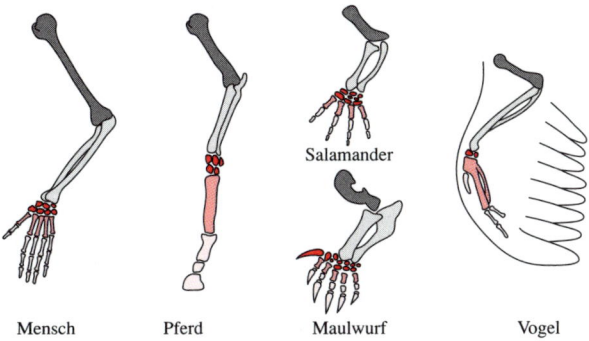

Salamander

Mensch   Pferd   Maulwurf   Vogel

Homologie bei Wirbeltiergliedmaßen

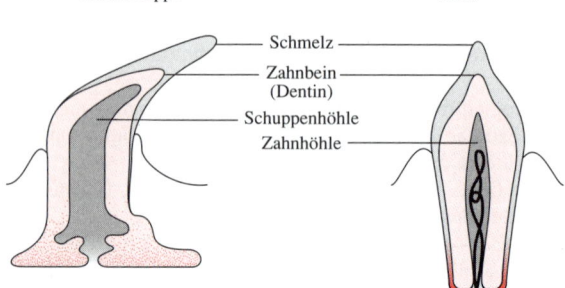

Hautschuppe   Zahn

Schmelz
Zahnbein
(Dentin)
Schuppenhöhle
Zahnhöhle

Homologie bei Hautschuppe des Hais und menschlichem Zahn

Die einfachste Erklärung für Homologien beruht auf der Abstammung von gemeinsamen Vorfahren und belegt somit stammesgeschichtliche (phylogenetische) Verwandtschaft.

2.2 Analoge Organe

Abstammungsähnlichkeiten müssen von Funktionsähnlichkeiten unterschieden werden. Analogien sind Ähnlichkeiten bei verschiedenen Lebewesen, die durch gleiche Funktion bedingt sind, sich aber *nicht* von gemeinsamen Vorfahren herleiten lassen. Analoge Organe besitzen einen unterschiedlichen Grundbauplan und beweisen daher keine Abstammung. Aufgrund gleicher ökologischer und physiologischer Anforderungen können sie aber eine sehr ähnliche Gestalt entwickelt haben. Man spricht

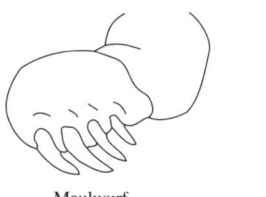

Maulwurf   Maulwurfsgrille

Analogie bei der Grabschaufel von Maulwurf und Maulwurfsgrille

von *Konvergenz*. Beispiele für Analogien sind: Grabschaufel bei Maulwurf und Maulwurfsgrille, Stacheln bei Rosen und Dornen bei Schlehen, strömungsangepasste Form bei Fisch und Delphin.

2.3 Belege aus Biochemie und Molekularbiologie

Alle Lebewesen weisen die gleichen chemischen Grundbausteine auf und haben den gleichen genetischen Code. Viele Stoffwechselprozesse wie Glykolyse, Citronensäurezyklus, Energieübertragung durch ATP und die Proteinbiosynthese laufen bei der Mehrzahl der Pflanzen und Tiere gleich ab und belegen eine gemeinsame Abstammung.

Die DNA-Basensequenz und die Aminosäuresequenz von Proteinen stimmen bei nah verwandten Arten weitgehend überein. Ein *hypothetischer Stammbaum* verschiedener Lebewesen auf der Basis von Unterschieden in der Aminosäuresequenz eines bestimmten Proteins geht von der Überlegung aus, dass jede Änderung in der Aminosäuresequenz auf einer Mutation in der DNA-Struktur beruht. Je mehr Änderungen vorhanden sind, desto mehr Mutationen haben stattgefunden und umso größer ist die stammesgeschichtliche Distanz. Umgekehrt sind Übereinstimmungen zahlreicher Aminosäurepositionen Ausdruck gemeinsamen Ursprungs (Beispiel: Cytochrom-c-Stammbaum).

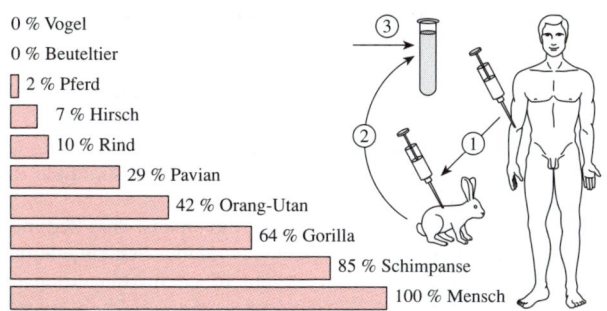

Ausfällungsgrad beim Präzipitintest

Die *Serumreaktion* erlaubt ebenso Aussagen über die Verwandt-
schaftsnähe. Spritzt man z. B. einem Kaninchen etwas menschliches Blutserum, entwickelt es Antikörper (Präzipitine) gegen
alle Proteine im Blut des Menschen. Entnimmt man dem Kaninchen nach einiger Zeit Blut und bringt sein Serum erneut mit
menschlichem Serum zusammen, so verklumpen alle gelösten
Eiweiße und fallen aus (Präzipitin-Reaktion). Wird Serum eines zuvor gegen Menschenserum empfindlich gemachten Ka-
ninchens mit Serum anderer Tierarten zusammengebracht, gilt
der Grad der Ausfällung als Maß für die mehr oder weniger en-
ge Verwandtschaft dieser Tiere mit dem Menschen.

2.4 Belege aus der Cytologie

Alle Lebewesen bestehen aus Zellen. Die Zellorganellen der
verschiedenen Lebewesen zeigen deutliche Übereinstimmungen sowohl im Bau als auch in den Stoffgruppen, die am Aufbau beteiligt sind. Daraus lässt sich der Schluss ziehen, dass
alle Lebewesen aus einer Urzellform entstanden sind.

2.5 Paläontologische Beweise

Fossilien. In den Gesteinsschichten der verschiedenen geologischen Epochen findet man Fossilien, versteinerte Überreste von
Tieren und Pflanzen. Mit ihnen befasst sich die *Paläontologie*
(Lehre von den Fossilien). Fossilien finden sich nur in Ablage-
rungsgesteinen. Meist sind nur widerstandsfähige Hartteile wie
Zähne, Schuppen, Knochen oder Gehäuse erhalten. Leitfossili-
en kommen ausschließlich in bestimmten geologischen Schichten vor, sind dort aber weit verbreitet. Ihr Vorkommen gilt also
als Merkmal dieser Schicht.

Altersbestimmung. Sie erlaubt es, Fossilien bestimmten Erd-
epochen zuzuordnen.

- ◆ Die *relative Altersbestimmung* geht davon aus, dass Sediment-
  gesteine umso älter sind, je tiefer sie in einer Schichtenabfolge
  liegen. Ein Vergleich mit heute ablaufenden Ablagerungspro-
  zessen ermöglicht eine Schätzung des relativen Alters einer bestimmten Schicht und der in ihr liegenden Fossilien.

- Die *absolute Altersbestimmung* ist eine physikalische Methode, die auf dem Zerfall radioaktiver Isotope beruht, der spontan abläuft. Die Zeit, in der die Hälfte des Ausgangsstoffes zerfällt, wird als Halbwertszeit bezeichnet.

Übergangsformen (Brückentiere) tragen Merkmale verschiedener Tiergruppen.
- Das Brückentier *Ichthyostega* aus dem Devon (vor etwa 400 Millionen Jahren) zeigt Merkmale von Fisch und Lurch.
- *Cynognathus* aus dem Trias (vor etwa 225 Millionen Jahren) hat ein säugetierähnliches Raubtiergebiss und ein reptilienähnliches Skelett.
- Der Urvogel *Archaeopteryx* aus dem Oberen Jura (vor etwa 150 Millionen Jahren) zeigt ein Mosaik aus Reptilien- und Vogelmerkmalen. Kriechtiermerkmale u. a.: Kegelzähne, lange Schwanzwirbelsäule, kleines Gehirn, freie Finger und Mittelhandknochen, Krallen an den Vordergliedmaßen. Vogelmerkmale: Federn, Vogelbeine mit nach hinten gerichteter erster Zehe, Vogelschädel mit großen Augen.

2.6 Entwicklungsphysiologische Beweise

Embryonen von Wirbeltieren sehen sich in frühen Stadien der Entwicklung recht ähnlich. Bestimmte Merkmale werden in der Embryonalentwicklung noch angelegt, obwohl sie im Erwachsenenstadium nicht mehr erscheinen. Dazu zählen beim menschlichen Embryo die Kiemenbogenanlage, die Schwanzanlage und ein röhrenförmiges Herz.
ERNST HAECKEL (1834–1919) fasste diese Beobachtungen in seiner *biogenetischen Grundregel* zusammen. Sie besagt, dass die Keimesentwicklung (Ontogenese) eine kurze, schnelle und unvollständige Wiederholung der Stammesgeschichte (Phylogenese) sei.

2.7 Belege aus der Biogeografie

Die Biogeografie untersucht die Verteilung früherer und heutiger Tiere und Pflanzen. Die Flora und Fauna der Südhalbkugel ist zwischen Südamerika, Afrika und Australien deutlich verschiedener als auf der Nordhalbkugel zwischen Europa, Nordasien und Nordamerika. Aus der *Geotektonik* ist bekannt, dass die Südkontinente als Folge der Kontinentaldrift seit langem getrennt sind. Durch die lange Trennungszeit konnten sich in den isolierten Räumen unterschiedliche Arten entwickeln. So entwickelten sich im isolierten Australien Kloakentiere und Beuteltiere ungestört weiter, während sie in anderen Teilen der Erde von den Plazentatieren verdrängt wurden.

Lebewesen, die auf bestimmte Räume beschränkt sind, nennt man *Endemiten.* Endemische Formen sind auch für Inseln kennzeichnend. Ein bekanntes Beispiel sind die Darwinfinken mit ihren unterschiedlichen Schnabelformen. Auf den Galapagos-Inseln westlich von Südamerika entstanden aus einer Finken-Stammart durch das Besetzen unterschiedlicher ökologischer Nischen zahlreiche neue Finken-Arten. Man spricht bei dieser Auffächerung einer Ausgangsart in mehrere unterschiedlich angepasste Arten von *adaptiver Radiation.* Weitere Beispiele für adaptive Radiation sind die Kleidervögel Hawaiis und die Beuteltiere Australiens.

2.8 Weitere Belege für die Evolutionstheorie

- *Rudimentäre Organe,* also Organe, die im Verlauf der Evolution ihre Funktion verloren haben, aber noch als Reste vorhanden sind. Beispiele: Steißbein und Muskeln zur Ohrbewegung beim Menschen.
- *Atavismen,* also in Ausnahmefällen auftretende urtümliche Merkmale bei einzelnen rezenten (jetzt lebenden) Lebewesen. Beispiel: verlängertes Steißbein beim Menschen.
- *Lebende Brückentiere.* Beispiel: Eier legendes Schnabeltier, das seine Jungen mit einer milchigen Flüssigkeit aus Brustdrüsen säugt. Es vereinigt Reptilienmerkmale (Eier legen, schwankende Körpertemperatur) und Säugetiermerkmale (Milchdrüsen).
- *Gemeinsame Parasiten* bei verschiedenen Tierarten. Beispiel: Bläschenvirus bei Mensch und Schimpanse.
- *Homologe Verhaltensweisen.* Beispiele: Heulstrophen bei Hund, Wolf und Schakal, Ritualisierung bei der Balz von Fasanenvögeln.

♦ *Ergebnisse der Pflanzen- und Tierzüchtung,* wobei ständig neue Rassen und Sorten entstehen, bei denen zahlreiche Eigenschaften vererbt werden und der Abstammungszusammenhang eindeutig gesichert ist. Beispiele: Hunderassen, Getreidesorten.

3 Ursachen der Evolution

3.1 Populationsgenetik

Die Populationsgenetik befasst sich mit den Vererbungsvorgängen in Populationen (Fortpflanzungsgemeinschaften). Ändern sich die Allelhäufigkeiten innerhalb des Genpools einer Population, findet Evolution statt. Untersucht wird also die Häufigkeit, mit der die Allele auftreten, sowie die Veränderung der Häufigkeit. Dabei wird zwischen einer idealen Population und einer natürlichen Population unterschieden.

Für eine *ideale Population* gelten folgende Bedingungen:
♦ es treten keine Mutationen auf,
♦ sie ist so groß, dass Zufallsschwankungen keine Rolle spielen,
♦ alle Individuen sind an die gegebene Umwelt gleich gut angepasst, sodass keine Selektion erfolgt,
♦ es findet keine Zu- oder Abwanderung statt und
♦ es herrscht Panmixie, d. h., die Wahrscheinlichkeit für die Paarung beliebiger Partner ist gleich groß.

Nach dem *HARDY-WEINBERG-Gesetz* lassen sich die Allelhäufigkeiten bzw. Genotypenhäufigkeiten berechnen. Die Allelhäufigkeiten in idealen Populationen stehen in einem stabilen Gleichgewicht, also:

$$(AA : Aa : aa) \cong p^2 : 2pq : p^2 = konstant = 1$$

3.2 Evolutionsfaktoren

In einer *natürlichen* (realen) *Population* verändern folgende Evolutionsfaktoren die Allelhäufigkeit und führen so zur Evolution:
♦ *Mutationen* verändern die genetische Information und sind die Ursache für die Variabilität von Lebewesen. Neue Allele gelangen in den Genpool.

- *Rekombination.* Innerhalb des Genpools kommt es durch geschlechtliche Fortpflanzung immer wieder zu neuen Genkombinationen und damit zu einer Erweiterung der Variabilität der Phänotypen.
- Durch *Selektion* (natürliche Auslese durch die Umwelt) werden Gene eliminiert, die sich für ihre Träger als nachteilig erweisen.

Die Fähigkeit eines Individuums, Gene zum Genpool der nächsten Generation beizutragen, wird als *Fitness* (reproduktive Fitness, Tauglichkeit) bezeichnet. Der Genotyp mit der höchsten Fitness (Nachkommenzahl) erhält den Fitnesswert W = 1. Die relative Fitness der anderen Genotypen x wird errechnet aus:

$$W_x = \frac{\text{Nachkommenschaft des Genotyps x}}{\text{Nachkommenschaft des besten Genotyps}}$$

Ursachen unterschiedlicher Fitness sind Unterschiede in der Lebenserwartung, der Fortpflanzungsrate oder der Fähigkeit, einen Geschlechtspartner zu finden. Die Abweichung der mittleren Fitness von der des besten Genotyps wird als *genetische Bürde* einer Population bezeichnet. Sie ist Voraussetzung dafür, dass Evolution stattfindet. Hätten alle Individuen höchste Fitness, gäbe es keine natürliche Selektion.

Selektion. Bei den Selektionsfaktoren werden abiotische und biotische unterschieden.
- *Abiotische Selektionsfaktoren:* Temperatur, Feuchtigkeit etc.
- *Biotische Selektionsfaktoren:* Fressfeinde, Parasiten etc. (zwischenartlich); Konkurrenz um Nahrung, Geschlechtspartner, Reviere etc. (innerartlich).

Der Einfluss der Selektionsfaktoren auf eine Population wird als *Selektionsdruck* bezeichnet. Man unterscheidet folgende Selektionstypen:
- *Stabilisierende Selektion:* Bei gleich bleibenden Umweltbedingungen werden die am wenigsten angepassten Mutanten ausselektiert. Der Genpool bleibt gleich.
- *Gerichtete* (transformierende) *Selektion* bewirkt eine Anpassung an veränderte Bedingungen.

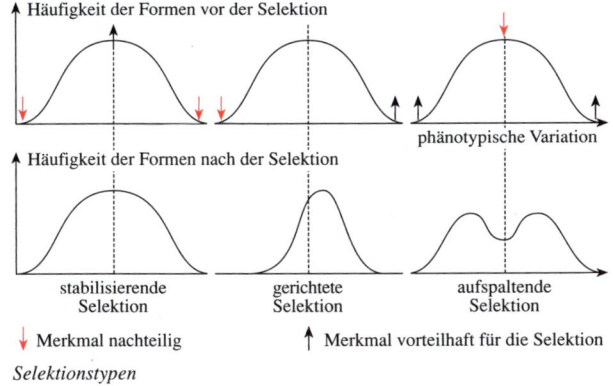

Selektionstypen

♦ *Aufspaltende Selektion* fördert bei gleich bleibenden Bedingungen die Formen mit extremen Merkmalen.

Gendrift (Zufallswirkung). Vor allem in kleinen Populationen können Zufallsereignisse die Genhäufigkeiten ebenfalls verändern. Man spricht von Gendrift. Sie kann beruhen auf
♦ Katastrophen, die den Großteil der Population vernichten, oder
♦ der Abtrennung einer kleinen Teilpopulation von der Stammpopulation. Die *Gründerpopulation* bringt nur einen Teil des Genpools mit (Beispiel: Vorfahren der Darwinfinken, die vom Festland auf die Galapagos-Inseln verschlagen wurden).

3.3 Isolation und Artbildung

Für die Wirksamkeit von Mutation und Selektion hinsichtlich der Entstehung neuer Arten ist die Trennung des Genpools durch Isolierung von Teilpopulationen (genetische Seperation) nötig. Nach der Separation mutierte Allele können nicht mehr in den Genpool der anderen Population gelangen.
Alle Faktoren, die eine ständige Durchmischung des Erbguts einer Population (Panmixie) beeinträchtigen, werden als *Isolationsmechanismen* bezeichnet. Dazu zählen:

- geografische Isolation (Seperation), Beispiel: Inselpopulationen,
- ethologische Isolation, Beispiel: Gesangsunterschiede bei Fitislaubsänger und Zilpzalp,
- jahreszeitliche Isolation, Beispiel: verschiedene Balzzeiten bei Wasserfrosch und Grasfrosch,
- ökologische Isolation, Beispiel: Schnabelformen bei Darwinfinken.

Die Entstehung neuer Arten ist auf zwei Wegen möglich:
- Zur *allopatrischen Artbildung* kommt es, wenn Teilpopulationen sich über lange Zeit räumlich getrennt entwickeln (geografische Isolation).
- Von *sympatrischer Artbildung* spricht man, wenn sich Teilpopulationen im selben Gebiet durch andere Isolationsmechanismen (ökologische, jahreszeitliche oder ethologische) getrennt weiterentwickeln.

Die Aufspaltung von Populationen erfolgt zunächst so langsam, dass trotz erblicher Unterschiede eine Paarung zwischen allen Individuen noch möglich wäre und die Nachkommen noch fruchtbar sind. Man spricht von Rassen.

Der Artbegriff. Sind die Unterschiede so groß geworden, dass keine fortpflanzungsfähigen Nachkommen mehr gebildet werden oder sexuelle Kontakte gar nicht mehr möglich sind, spricht man von zwei verschiedenen Arten. Alle Individuen, die untereinander uneingeschränkt fruchtbar sind, gehören zu einer biologischen Art.

4 Die Geschichte des Lebens

4.1 Chemische Evolution

Die Bildung der chemischen Grundbausteine der Lebewesen unter den Bedingungen der *Uratmosphäre* nennt man chemische Evolution. STANLEY MILLER ahmte in dem nach ihm benannten *MILLER-Versuch* die abiogene Bildung zahlreicher organischer Stoffe unter den Bedingungen nach, wie sie in der Anfangszeit der Erde herrschten.

Die organischen Verbindungen sammelten sich in den Urozeanen und konnten in kleinen Tümpeln eine hohe Konzentration erreichen. Man spricht von Ursuppe.

4.2 Entstehung des Lebens

Bis heute ist es aber nicht gelungen, experimentell Lebewesen zu erzeugen. Zur Entwicklung der Lebensvorgänge und der Lebewesen hat man jedoch zahlreiche Hypothesen aufgestellt und durch Modellversuche gestützt:

- *Lipid-Doppelfilme* gelten als Modelle für erste Biomembranen.
- *Mikrosphären,* membranumhüllte Proteinkügelchen, zeigen Wachstumstendenz und katalytische Eigenschaften.
- Nach der Theorie der *Selbstorganisation der Materie* (MANFRED EIGEN) können RNA-Moleküle die Bildung von Proteinen katalysieren. Darunter sind auch RNA-Moleküle, die die Replikation katalysieren. Durch Veränderung der Polynukleotidketten (Mutationen) kommt es zu unterschiedlichen zellähnlichen Gebilden, den *Probionten,* die der Selektion unterliegen (Hyperzyklus-Modell).

Parallel zur Evolution von Zellstrukturen und Informationsträgern kam es zu einer *Evolution des Stoffwechsels:* Ursprüngliche Bakterien lebten heterotroph und bezogen ihre Energie durch *Gärung* aus dem Abbau organischer Moleküle ohne Sauerstoff. Andere Bakterienformen lebten autotroph. Sie betrieben *Chemosynthese* ohne Sauerstoffbildung oder konnten die Lichtenergie zur *Fotosynthese* mit Sauerstoffbildung ausnutzen. Nachdem elementarer Sauerstoff zur Verfügung stand, konnten andere Bakterien diesen als Oxidationsmittel nutzen, die *Zellatmung* entstand.

4.3 Evolution der Zelle

Die ältesten Zellen waren *Prokaryoten* (Bakterien und Blaualgen). Mitochondrien und Chloroplasten ähneln in ihrer Struktur einfachen Bakterien und Cyanobakterien (Blaualgen). Die *Endosymbionten-Theorie* geht daher davon aus, dass einfache Prokaryoten aerobe und fotosynthetisch aktive Prokaryoten als

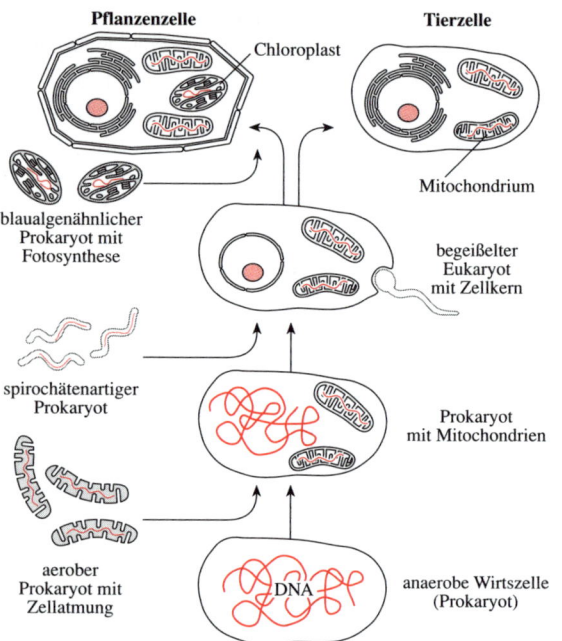

Entstehung von Eucyten und Zellorganellen nach der Endosymbionten-Theorie

Endosymbionten aufgenommen haben, aus denen sich dann Mitochondrien und Chloroplasten als Zellorganellen entwickelten. Aus der einfachen *Procyte* hat sich so die komplexe *Eucyte* entwickelt. Indizien, die für diese Theorie sprechen, sind:

◆ Plastiden und Mitochondrien entstehen nur aus ihresgleichen durch Teilung,

◆ beide Organellen besitzen wie die Prokaryoten ringförmige, nackte DNA sowie eigene Ribosomen,

◆ Proteine der inneren Mitochondrienmembran werden von der Mitochondrien-DNA codiert, Proteine der äußeren Membran von der DNA des Zellkerns.

4.4 Wege der Stammesentwicklung (Phylogenese)

Stammbäume sollen die stammesgeschichtliche Entwicklung heute lebender Tiere und Pflanzen aufzeigen. Man ordnet die Lebewesen durch Aufsuchen möglichst vieler Homologien. Fossilien liefern die Zeitmarken für die Evolution. In einem Stammbaum sollten nur Abstammungsgemeinschaften vorkommen, die jeweils auf eine gemeinsame Stammart zurückzuführen sind. Man nennt solche Gruppen monophyletisch.

Stammbaum der Pflanzen. Alle heute lebenden Pflanzengruppen lassen sich bis jetzt nicht durch Abstammungslinien miteinander verbinden. Besonders bei den Algen und den Pilzen ist die Unsicherheit groß. Es wird angenommen, dass die Entwicklung der Pflanzen von wasserlebenden Formen zu landbewohnenden Nacktsamern und Bedecktsamern verlief.

Stammbaum der Tiere. Vielzellige Tiere stammen von einzelligen Tieren ab, die ihrerseits einen großen Formenreichtum entfaltet haben. Die Vielzeller stimmen in den Anfangsstadien ihrer Individualentwicklung auffällig überein. Ob Entwicklungszusammenhänge den tatsächlichen Verlauf der Evolution widerspiegeln ist so lange nicht gesichert, wie die Entwicklungslinien nicht durch Fossilfunde bestätigt sind.

Der Stammbaum der Pferde gilt als Beispiel dafür, wie sich durch zahlreiche Fossilfunde Verwandtschaftsverhältnisse und Abstammungslinien exakt erkennen lassen.

5 Die Stammesgeschichte des Menschen

5.1 Mensch und Menschenaffen im Vergleich

Der Mensch stammt zwar nicht vom Affen ab, aber viele Gemeinsamkeiten zwischen Mensch und Menschenaffen sind nur damit zu erklären, dass beide gemeinsame Vorfahren haben.

Menschen, Menschenaffen, Tieraffen und Halbaffen werden in der Ordnung *Primaten* (Herrentiere) zusammengefasst. Alle Primaten haben Greifhände und nach vorne gerichtete Augen, mit denen räumliches Sehen möglich ist. Das Gehirn ist im Verhältnis zum Körper groß, der Nachwuchs wird intensiv und lange betreut.

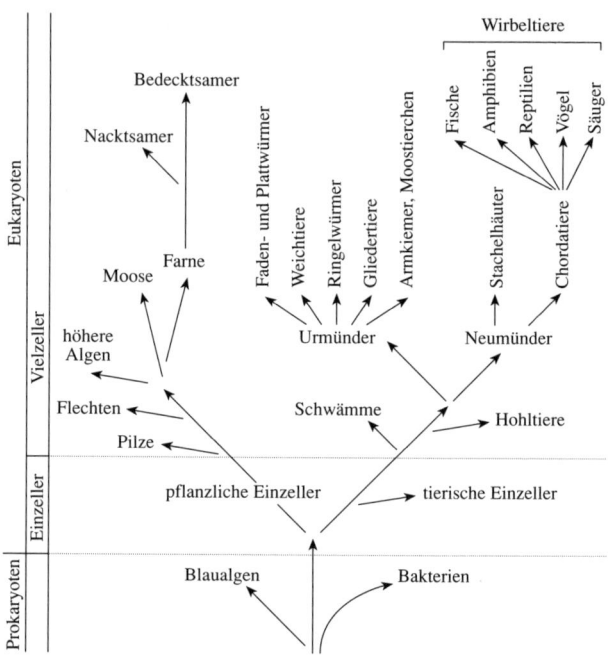

Stammbaum der Pflanzen und Tiere

5.2 Sonderstellung des Menschen

Die besondere Stellung des Menschen ist gekennzeichnet durch
den Erwerb des aufrechten Ganges, mit der eine Umformung
des gesamten Skelettes einherging:

- die federnde doppelt S-förmig gebogene Wirbelsäule,
- das schüsselförmige Becken, das die Eingeweide trägt,
- kräftig entwickelte Gesäß- und Wadenmuskeln,
- die gewölbte Fußsohle, die Erschütterungen abfedert (Sohlen-
  gänger),
- die vielseitig einsetzbare Hand,

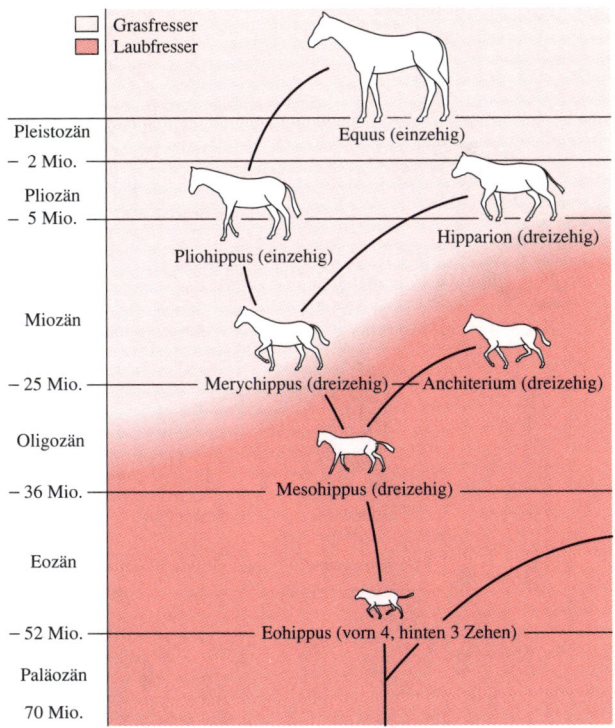

Stammbaum der Pferde
(a = Vorderfuß 4, Hinterfuß 3 Zehen, b = dreizehig, c = einzehig)

- ◆ der große, steil nach oben gewölbte Gehirnschädel,
- ◆ die relativ kleinen Zähne, die eine geschlossene Reihe bilden.

Darüber hinaus kennzeichnen zahlreiche *geistige* und *kulturelle Merkmale* die besondere Stellung des Menschen:

- ◆ das äußerst leistungsfähige Gehirn, das ihn zu Denk- und Lernprozessen befähigt,
- ◆ die Entwicklung von Werkzeugen für zukünftige Situationen,

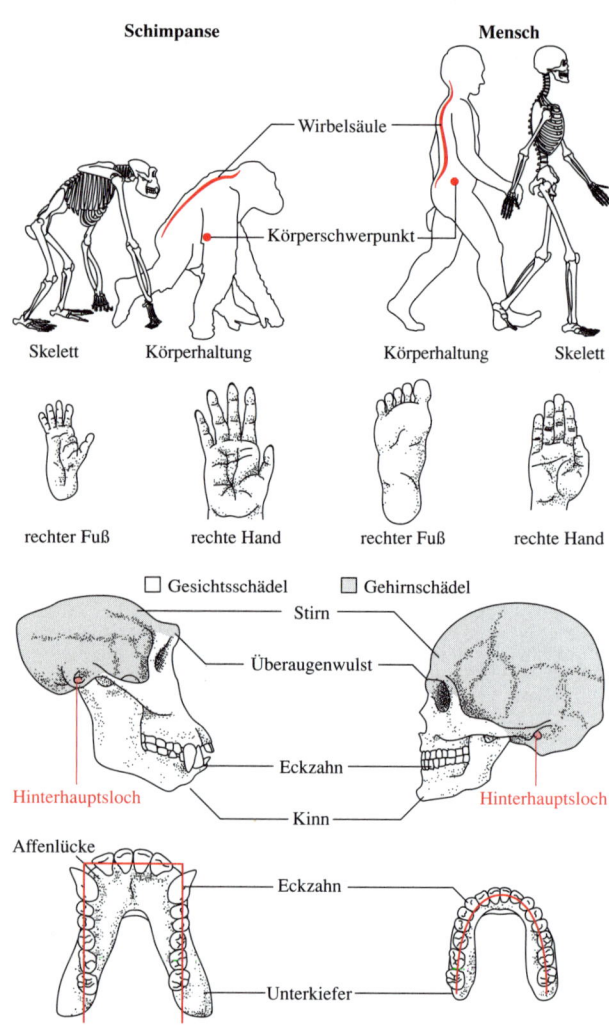

Schimpanse **Mensch**

Wirbelsäule

Körperschwerpunkt

Skelett   Körperhaltung   Körperhaltung   Skelett

rechter Fuß   rechte Hand   rechter Fuß   rechte Hand

☐ Gesichtsschädel   ☐ Gehirnschädel

Stirn

Überaugenwulst

Eckzahn

Hinterhauptsloch   Hinterhauptsloch

Kinn

Affenlücke

Eckzahn

Unterkiefer

Schimpanse und Mensch im Vergleich

- das Erinnern vergangener und Planen zukünftiger Situationen,
- das Antizipieren der Folgen von Handlungen,
- der gezielte Umgang mit Feuer.

5.3 Menschenaffen

In zahlreichen Merkmalen unterscheiden sich Menschenaffen vom Menschen. So haben Menschenaffen eine vorspringende Schnauze, ihr Kehlkopf ist nicht zum Sprechen geeignet, im Gehirn fehlt ein Sprachzentrum.

5.4 Menschwerdung (Hominisation)

Fossilfunde geben Information über die Entwicklung zum Menschen: Schädelfunde lassen Schlüsse über die Gehirngröße und die geistigen Fähigkeiten zu, Reste vom Becken geben Auskunft über die Fortbewegungsweise. Besonders gut bleiben Zähne als Fossilien erhalten. Werkzeuge und andere Spuren seiner Tätigkeit wie Höhlenmalereien und Grabbeigaben sind erst aus jüngerer Zeit bekannt.

Vorformen des Menschen. Wertet man alle Funde aus, lassen sich zwei Entwicklungslinien erkennen, von denen eine zum Menschen, die andere zu den Menschenaffen führt.

Vor etwa 35 Millionen Jahren lebte Propliopithecus (pithecus = Affe), ein Tier, so groß wie ein Rhesusaffe. Aufgrund seiner Zähne gilt er als gemeinsamer Vorfahre von Menschenaffen und Menschen. Ausgangspunkt der Entwicklung zum Menschen war ein in Ostafrika auf Bäumen lebender schimpansenähnlicher Vorfahre. Ein bekannter Fund, der etwa 25 Millionen Jahre alt ist, wurde Aegyptopithecus genannt.

Klimatische Veränderungen drängten den Urwald zurück, Savannen (Grasländer) entstanden. Im Verlauf von Jahrmillionen entwickelten diese Vorfahren des Menschen, zu denen auch die Form Proconsul zählt, den aufrechten Gang. Er erwies sich in der offenen Landschaft als Vorteil.

- *Prähominine* (Vormenschen) aus der Gruppe der Australopithecinen zählen zu den ältesten Menschenähnlichen, die wir kennen. Australopithecinen gelten als Bindeglied zwischen Tier und Mensch.

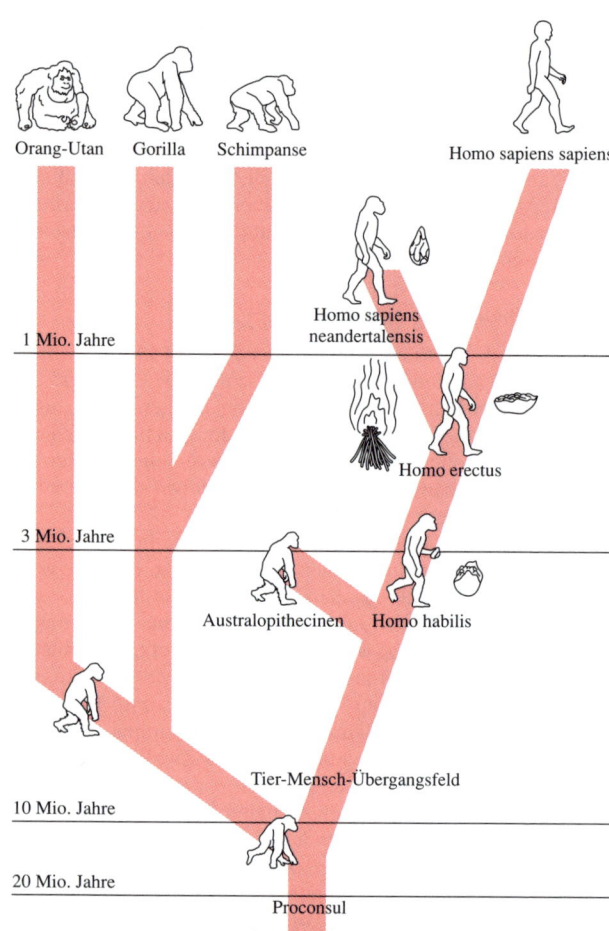

Orang-Utan Gorilla Schimpanse

Homo sapiens sapiens

Homo sapiens
neandertalensis

Homo erectus

1 Mio. Jahre

3 Mio. Jahre

Australopithecinen Homo habilis

Tier-Mensch-Übergangsfeld

10 Mio. Jahre

20 Mio. Jahre

Proconsul

Aegyptopithecus

30 Mio. Jahre

Propliopithecus

Stammbaum der Primaten

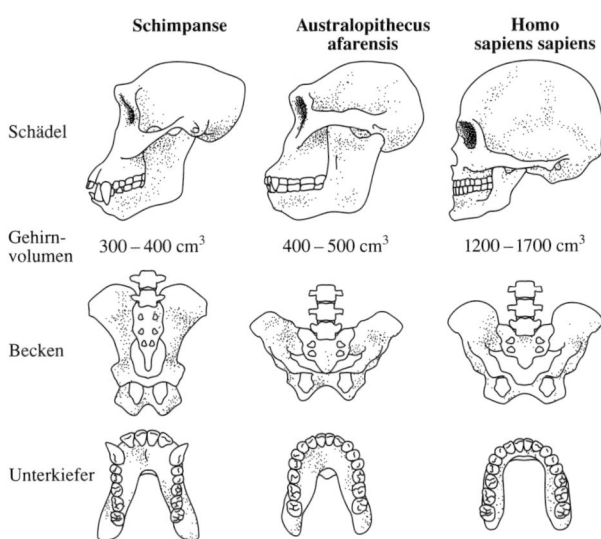

	Schimpanse	Australopithecus afarensis	Homo sapiens sapiens
Schädel			
Gehirn-volumen	300 – 400 cm^3	400 – 500 cm^3	1200 – 1700 cm^3
Becken			
Unterkiefer			

Vergleich von Skelettmerkmalen

- *Euhominine* (Frühmenschen) gelten als die ersten Vertreter der Gattung Mensch (Homo). Die ältesten Funde sind etwa drei Millionen Jahre alt. Von Homo habilis sind bearbeitete Steinwerkzeuge aus Ostafrika bekannt. Homo erectus konnte Werkzeuge aus Feuerstein herstellen und benutzte das Feuer.
- *Paläanthropine* (Altmenschen) und *Neanthropine* (Jetztmenschen) lösten diese allmählich ab. Aus Homo erectus entwickelte sich der Homo sapiens, der ein deutlich größeres Gehirnvolumen und feiner bearbeitete Steinwerkzeuge besaß. Die ältesten Funde sind etwa 400 000 Jahre alt. Man fand zahlreiche Zwischenformen. Aus einer entwickelte sich der Neandertaler, der vom modernen heutigen Menschen verdrängt wurde. Vom Jetztmenschen *Homo sapiens sapiens* kennt man älteste Reste aus Ostafrika. Gegen Ende der Eiszeit wanderte er auch in Europa ein, wie Höhlenmalereien des Cro-Magnon-Menschen belegen.

Menschenrassen. Durch geografische Isolation entstanden Teilpopulationen des Menschen, die in drei großen Rassenkreisen zusammengefasst werden: Europide, Mongolide und Negride. Alle heute lebenden Rassen stimmen in der überwiegenden Zahl ihrer Merkmale überein, sind gleichwertig und bilden die biologische Art Homo sapiens sapiens.

5.5 Kulturelle Evolution

Kulturfossilien wie Werkzeuge, Höhlenmalereien und Grabbeigaben zeigen den Verlauf der kulturellen Evolution. Die kulturelle Evolution verläuft schneller als die biologische. Statt der DNA dienen hierbei Sprache, Schrift und Bilder als Informationsträger. Nicht Mutationen, sondern neue Weltanschauungen, Techniken und Moden sorgen für Variabilität. Diese unterliegen einer Selektion, je nachdem, ob sie übernommen oder verworfen werden.

6 Das natürliche System der Lebewesen

6.1 Ordnungsprinzipien

Das natürliche System der Lebewesen berücksichtigt die Verwandtschaftsbeziehungen und damit die Abstammungsverhältnisse der Lebewesen. Verwandtschaft drückt sich in Homologien aus. Es werden möglichst viele Merkmale herangezogen wie z. B. morphologisch-anatomische, biochemische und embryologische.

Die Benennung jedes bekannten Lebewesens erfolgt nach international gültigen Regel: Der wissenschaftliche Name besteht aus zwei Teilen, dem Gattungs- und dem Artnamen. Man spricht von der *binären Nomenklatur.* (Beispiele: Canis lupus, Wolf; Prunus avium, Süßkirsche)

Wir kennen heute über 400 000 Pflanzen- und mehr als 1,5 Millionen Tierarten, doch kommen jährlich zahlreiche neue Arten dazu.

Die Aufgabe der *Systematik* ist es, die phylogenetische Stellung rezenter und fossiler Lebewesen im Gesamtsystem zu erkennen. Daraus ergibt sich eine begriffliche *Hierarchie* von Familien,

Klassen, Ordnungen und Stämmen. Der höchststehende Begriff ist das Organismenreich.

Kategorie	Beispiel	wissenschaftl. Bezeichnung
Reich	Tiere	Animalia
Stamm	Chordatiere	Chordata
Klasse	Kriechtiere	Reptilia
Ordnung	Schuppenkriechtiere	Squamata
Familie	Ottern	Viperidae
Gattung	Eurasische Ottern	Vipera
Art	Kreuzotter	Vipera berus

Hierarchisches Ordnungsprinzip am Beispiel der Kreuzotter

6.2 Die fünf Reiche der Lebewesen

Ursprünglich wurden die beiden Reiche Tiere und Pflanzen unterschieden. Heute weiß man, dass Bakterien eine ganz besondere Zellstruktur aufweisen und dass Einzeller wie auch Pilze eine von den Pflanzen und Tieren sehr verschiedene stammesgeschichtliche Entwicklung durchlaufen haben. Viren werden nicht in das System der Lebewesen eingegliedert. Allerdings wird auch die heute gebräuchliche Einteilung in fünf Reiche noch diskutiert: Prokaryoten, Protisten (Einzeller), Pilze, Pflanzen und Tiere.

 Alles klar?
– Formen biologischer Ähnlichkeit (Homologien, Analogien)
– Zeugnisse der Abstammung und Beweise für Verwandtschaft
– Ursachen der Evolution
– Erklärungsversuche für den Ablauf der Evolution (LAMARCK, DARWIN, Synthetische Theorie der Evolution)
– Entstehung neuer Arten (Artbegriff, Artbildungsprozesse)
– Rekonstruktion von Stammbäumen an einem Beispiel
– Biologische Vielfalt und Ordnungsmöglichkeiten
– Die Stellung des Menschen im natürlichen System
– Fossile Hominiden, Hominisation, Hominidenstammbaum

Stichwortverzeichnis